PALGRAVE
STUDY SKILLS

帕尔格雷夫研究技巧系列

Managing Your Academic Career

■ Wyn Grant   Philippa Sherrington

（英）温·格兰特　菲利帕·谢林顿　著

寇文红　译

规划你的学术生涯

东北财经大学出版社
Dongbei University of Finance & Economics Press

大连

U0656718

ⓒ 东北财经大学出版社 2010

图书在版编目（CIP）数据

规划你的学术生涯／（英）格兰特（Grant, W.），（英）谢林顿（Sherrington, P.）
著；寇文红译 . —大连：东北财经大学出版社，2010.1（2013.12 重印）
（帕尔格雷夫研究技巧系列）
书名原文：Managing Your Academic Career
ISBN 978 - 7 - 81122 - 864 - 9

Ⅰ. 规… Ⅱ.①格… ②谢… ③寇… Ⅲ. 社会科学 - 研究方法 Ⅳ. C3

中国版本图书馆 CIP 数据核字（2009）第 230833 号

辽宁省版权局著作权合同登记号：图字 06 - 2008 - 379 号

Wyn Grant, Philippa Sherrington：Managing Your Academic Career.

Copyright ⓒ 2006 by PALGRAVE MACMILLAN.

First published in English by Palgrave Macmillan, a division of Macmillan Publishers
Limited under the title Managing Your Academic Career by Wyn Grant and Philippa
Sherrington. This edition has been translated and published under license from Palgrave
Macmillan. The Author has asserted his right to be identified as the author of this work.

All rights reserved.

本书简体中文翻译版由 PALGRAVE MACMILLAN 有限公司授权东北财经大学出版社
独家出版发行。未经授权的本书出口将被视为违反版权法的行为。未经出版者预先书
面许可，不得以任何方式复制或发行本书的任何部分。

版权所有，侵权必究。

东北财经大学出版社出版
（大连市黑石礁尖山街 217 号　邮政编码　116025）
教学支持：（0411）84710309
营 销 部：（0411）84710711
总 编 室：（0411）84710523
网　　址：http：//www.dufep.cn
读者信箱：dufep @ dufe.edu.cn
大连图腾彩色印刷有限公司印刷　　东北财经大学出版社发行

幅面尺寸：170mm×240mm　字数：182 千字　印张：12 1/4　插页：1
2010 年 1 月第 1 版　　　　　　　　　2013 年 12 月第 3 次印刷

责任编辑：李　季　章北蓓　　　　　　责任校对：尹秀英
封面设计：冀贵收　　　　　　　　　　版式设计：钟福建

ISBN 978 - 7 - 81122 - 864 - 9
定价：29.00 元

中文版序

    我很高兴《规划你的学术生涯》这本书被如此认真而精妙地翻译为中文，使它得以和中国的读者见面。本书最初主要是为英国的读者撰写的，其中的一些（例如关于高等教育政策的）资料专门针对英国的情况。不过，我觉得会有更多的读者——不仅仅是中国读者——会对书中的资料感兴趣。

    近些年来，中国经济获得了巨大的发展，中国政府对科学技术，以及国家的学术研究能力一直相当重视，在这方面业已取得了很大进展，但是还存在着一些挑战。了解国际经验，并应用于中国国情，有助于推进这方面的工作。

    中国的学术环境并不总是尽如人意，并且，虽然中国的大学声誉日高，但在学术组织方面还存在缺乏效率之处。学术规范框架并不总能发挥作用，有时会产生一些缺乏学术诚信的现象，例如抄袭。克服这些缺点将有助于中国学者们撰写出具有相当大的国际影响的作品。

    我祝愿中国的读者们能喜欢这本书，并对他们事业的发展有所裨益。

温·格兰特
2009 年 6 月于华威大学

Preface to the Chinese Edition of
Managing Your Academic Career

I am pleased that *Managing Your Academic Career* has been so capably and carefully translated into Chinese and will therefore readily be available to Chinese readers. The book was originally written primarily with a British audience in mind and some of the material contained in it, e. g. , about higher education policy, relates specifically to British experience. However, I think that much of the material contained in the book is of interest to a wider audience, not least in China.

China has made great economic strides in recent years and the Chinese government has been paying considerable attention to science and technology and the further development of the country's intellectual capacity. In this task much progress has also been made, but a number of challenges remain. An awareness of international experience, and its adaptation to Chinese circumstances, may help in this task.

The academic environment in China is not always as strong as it could be and, despite the growing reputation of Chinese universities, areas of inefficiency remain in academic organisation. An academic regulatory framework is not always present and there is sometimes a lack of intellectual integrity in areas such as plagiarism. Overcoming these deficiencies would help Chinese scholars to write pieces of work that have a considerable international impact.

I hope that readers in China enjoy this book and find it helpful to them in the development of their own careers.

Wyn Grant

University of Warwick, June 2009

前　言

　　本书源于华威大学（Warwick University）政治与国际研究系（Department of Politics and International Studies）年轻的同事们所提的建议。他们发现：我在享受着相当成功的学术生活的同时，不仅没有过多地加班加点，而且还有不少时间用于闲情逸致。因此认为我或许有什么"秘方"可供分享。虽然早年作为记者所受的训练，使我能在非常严格的交稿日期前文思泉涌，一挥而就，但我并无任何秘方可言，既无灵丹妙药可以服用，亦无咒语真言可供吟诵。我感觉可以有一本书，专门向刚开始学术生涯的新人们提供一些关于如何规划其学术生涯，以便实现其特定目标的建议。在英国已经有了一本这样的书（20世纪90年代后期出版），在美国则有若干本。

　　在筹划本书的早期阶段，我作出了两个决定：第一，各国的高等教育体系在很多方面仍然有着根本性的差异，一本书不可能包罗万象。本书是为英国读者撰写的，虽然它对身处其他教育体系的学者们也会有些价值。第二，从事不同自然科学的学者在许多方面的经历大相径庭，相当重要的原因是实验室工作在他们的工作中占了重要分量。本书与自然科学家可能有些关联，但它针对的首先是从事人文与社会科学的学者们。

　　我邀请了在华威大学获得过教学优秀奖的 Philippa Sherrington 来协助撰写本书。Philippa 撰写了关于教学的那一章，不过她也阅读了其他所有章节，并对内容提出了意见。Philippa 还把一个处于学术生涯较早阶段的年轻人的观点融入了本书的写作中。

　　我清楚地意识到，我在自己的学术生涯中所处的阶段，与本书针对的那些读者迥然不同。作为在《1944 年教育法》（1944 Education Act）①下成长起来的学者，我于 1971 年被任命为华威大学教师。我是家族中第一个上大学的人。我当时踏入的学术环境，虽然也未曾向新人提供丁点儿系统性的帮助，但也远不如今天的学术环境这样压力巨大、错综复杂和充满挑战。诚然，当代学术生活也为学者们更上层楼提供了新的机遇和机制，强调这一点固然重要，但我们撰写本书的一个原因，仍是学界新人们所面对的挑战的广度和复杂程度。

撰写这样一本书，需要在提供结构化指导与好为人师或屈尊纤贵之间把握一种平衡。书中所指出的新人们所犯的一些错误似乎是一目了然、容易避免的，但日常经验却表明，类似的错误总是一再重演。虽然人文和社科研究应当致力于提高我们对人类境况（human condition）的理解，并使学生养成独立思考和严谨判断的能力，但本书并不告诉读者他们的目标应该是什么。本书不寻求用作者的价值观代替读者的价值观，但它的确指出了新人为了实现自己既定的目标可以采取的战略战术。本书不准备提供一条通向成功的阳关大道，也不存在这样的阳关大道，但它为初涉学途的研究者和教师们，提供了解决其所遇到的常见问题的方法。

为了了解年轻学者们面临的严峻挑战和雄心壮志，本书的两位作者对不同类型的大学里、各种人文和社科专业中、处于其学术征程早期阶段的大学讲师们进行了半结构化访谈。在 2004 年和 2005 年，一共进行了 13 次长度各约 1 小时的半结构化访谈，其中 7 次的受访者属于人文领域，6 次的受访者从事社科研究，有 6 位受访者来自 1992 年后大学（post-1992 universities）②。这些访谈一般在他们的办公室进行，并作了记录。这些受访者绝非一个严格意义上的样本，也并非一个大样本，但他们的评论和意见为本书的写作提供了极具价值

① 英国议会于 1944 年通过的一部教育法。因议案是由当时的教育大臣 Rab Butler 提出的，故又称为《Butler 教育法》（The Butler Act）。这一法案确立起第二次世界大战后英国教育体系的结构，它的基本条款至今仍被执行，是英国现行教育制度的主要基础——译者注。

② 截至 2006 年 8 月，英国具有大学地位的大学约有 91 所，按成立时间大体可以分为古老大学（ancient universities，例如统一剑桥和牛津等）、1992 年前大学（pre-1992 universities）和 1992 年后大学（post-1992 universities）。从 1987 年到 1992 年，英国对已经运行了 20 多年的高等教育二元制进行了一系列改革。尤其是在议会于 1991 年 5 月颁布的《高等教育：一个新框架》（Higher Education: a New Framework）和 1992 年通过的《继续教育和高等教育法》（the Further and Higher Education Act）的推动下，二元制被废除，建立了一个统一的高等教育体制。这两个法案构成了英国高等教育体制结构变革的分水岭。根据这些法案，1969 年至 1973 年间建立的 30 所理工大学（polytechnic，后期又建 4 所）于 1992 年全部升格为大学。1992 年因此成为划分英国大学的一个分界线。1992 年成立的这 34 所大学及此后成立的大学都被称为"1992 年后大学"，有时也称为"新大学"。1992 年之前成立的非古老大学共 38 所被称为"1992 年前大学"，有时也称为"老大学"——译者注。

的信息。全书从头至尾都援引了他们的一些言论（引用时采用了化名），这有助于使年轻学者们面临的挑战显得栩栩如生。我衷心地感谢他们同意接受访谈。

以前在华威大学、现就职于曼彻斯特大学（University of Manchester）的Nicola Phillips博士是激励我撰写本书的人之一。在每一章书稿出炉之际，她都从百忙之中挤出时间通读；她睿智的建议极大地改进了本书，对此我感激不尽。我对我的研究助理Justin Greaves也不胜感激，他以一个初涉学坛者的角度通览全稿，并提出了许多有价值的建议，帮助我补充完善。Rosalind Martin与本书所述人物年龄相仿，但却追求了她们这代人中更为典型的职业——一个成功的企业家；她从这一角度阅读了部分书稿。至于书中的瑕疵，与上述诸位悉无关系。

本书编辑Suzannah Burywood是Palgrave Macmillan出版社的模范职员。我最初认识本丛书的主编Roger King之时，他还是我这个领域的一位学者，但随后从事了学术管理这一更为成功的职业，最后荣膺大学副校长（vice-chancellor）。再次与他联系，我感到非常愉快。许多年来，Alan Curbishley的人际交往技巧和化解其作为英国足球超级联赛经理所承受的压力的方式（他曾在诸多场合与我探讨过这些），一直鼓舞着我。任何一个认为自己在事业如日中天时承受着巨大的竞争压力并不得不与难以相处的人物打交道的学者，都应该和英超足球经理相处一段时间。

我是家族中第一个学者，可能也是最后一个。我的孩子们都没有选择学术生涯。我的孙辈们（Clarissa、Lauren和Victoria）是否会选择这一道路，尚需拭目以待。学术生涯的某些方面已经不像以前那样富有吸引力，但对于一种特定类型的人——那些为思想以及与他人的交流兴奋不已的人——来说，它仍是个正确的选择。学术生涯充满艰辛，金钱回报与其他许多职业无法比拟，考虑到获得一个固定职位（permanent post）① 所花费的时间，则尤其如此；但这一职业也有其他许多乐趣。不过，随着英国的高等教育面临许多难以应对的挑战，在长期内，即使研究型大学也可能难以聘请和保持质量足够高的师资力

───────────────

① 在国内，"permanent post"或者"permanent job"经常被译为"终身职位"，很容易误导国内读者。其实它指的是正式工作，和临时工相对应——译者注。

量。本科阶段学费的大幅上涨，增加了研究生在见习期内的财务压力。一个人在他/她 30 出头找到第一份长期全职工作，但所得薪酬不能轻易地清偿以前求学时积下的陈年旧账的现象，并不鲜见。

最后要感谢内子 Maggie，我 30 多年来的伴侣。她出身伦敦东南，有着和我相似的背景，一直从事继续教育行业；她和我一起分享了教育和写作生活带来的快乐，以及对猫咪和足球的喜爱。

目　录

第 1 章

导言

　　为什么有人要当学者呢？对于一个称职而聪明的人来说，这一选择当然不能最大化其毕生收入。既然"学者"总是被当作"无关紧要"①的同义词，它就不是一个特别显贵的工作。这一职业也许曾经一度具有相当大的职业自主权（professional autonomy），至少对某些人来说是一种相对轻松的生活方式。然而，和其他职业一样，日益增多的规章制度已经降低了职业自主权，并增加了学术工作的管理负担。管理者的数量和影响与日俱增，并且，随着管理至上主义的影响越来越大，他们不太可能像过去的行政人员一样，有朝一日会成为学者（academics manqué）②。学术生活未能幸免于英国的加班文化（long hours culture）③，有证据表明，大多数学者为了完成作为研究员、教师和经理人的职责，工作时间不得不超过欧盟（EU）规定的上限——每周 48 小时。有一个广为流传的神话，认为像"暑假"这样的时间就是假期，其实暑假已经越来越多地被研究生、备课以及各种形式的暑期教学占用，遑论在研究上作出进展了。

1.1　学术生涯的乐趣

　　尽管有这些缺点，但许多人仍然想以治学为业。我们的受访者强调，他们发现学术生涯是那么令人富有满足感和成就感。对大多数学者来说，这一工作还有一种使命感，虽然这种使命感正在被侵蚀。也许他们看重的是这一工作充

---

　　①　原文是"irrelevant"意思是"不相关的"。在英文俗语中，人们常说"那是学术的"，意思是"和任何人的生活都不相关"——译者注。
　　②　"academics manqué"通常有两个意思：一是"失败的学者"，一是"未来的学者"。本书作者 Wyn Grant 称自己在这里指的是"将成为学者"。在英国大学中，有一种传统，即行政人员自认为是学者或者具有学术兴趣，但是随着管理至上主义的影响与日俱增，这种传统正在消失——译者注。
　　③　指工作者需要工作更长的时间才能完成职责，这是超出工作范畴之外的——译者注。

满的智力挑战；也许他们认为，学术职位通过影响思想的碰撞或者通过不断进行关于公共政策的辩论，提供了一个把世界改造得更加美好的机会。英语讲师（lecturer）① Lucy 点明了学术职业可能具有独一无二的吸引力的一些原因：

> 我喜欢文学，研究的是 19 世纪的文学，我认为这一阶段的文学对政治变革有所影响，这就是我为什么从我的政治倾向来研究它的原因。吸引我进入学术界的，是它看起来像是一块尚未被资本主义伦理思想攻陷的净土，很多行业都有这样的资本主义伦理，这就是现在我感到如此忧心忡忡的原因，这种攻陷发生得非常迅速。不过，我还是认为学术界中有些领域尚未沦陷。

虽然教学工作有时令人沮丧，但是学者们可以从寓教于乐的教学模式中，或者从某个学生的成长中得到乐趣。一些受访者看重在接触学生并启发其心智时油然而生的满足感。正如 Mike 所强调的，"在我的工作中，最美妙的事情就是每年都看到一些学生学有所成、才干今非昔比，离开校园奔赴前程"。甚至从熟练地完成行政任务当中，或从随后的生涯——从担任严于律己的系主任到身居大学委员会委员中，也都可能产生满足感。Ian 所说的"那种灵活性，即感觉似乎在同时从事几种不同的工作"本身可能就是学术工作令人心仪的一个方面。

无论学者们特别喜欢的是这种工作的哪个方面，他们可能都特别倾向于整体生活观（holistic view of life），即更看重非物质收益和心理上的满足（这并不是说他们不想要更高的工资）。真实的满足可以来自于目的性和归属感——虽然大学越来越像是按照公共官僚机构那一套运作的教育服务公司，但学术群体仍然能够提供这种归属感。在本书中，我们致力于发掘人文和社会科学领域的学者们共同面临的问题，而不管他们在哪里工作，虽然我们也深知有些问题是受工作单位影响的。目前，英国的学术生活越来越等级分明（虽然划分等

---

① 目前英国大学内仍保留着两种不同的职称系统。在较老的大学内，教师分为四等，分别是 Lecturer（讲师，分 A 级和 B 级，B 级比 A 级高）、Senior Lecturer（高级讲师）、Reader（相当于副教授）、Professor（教授），没有美国的所谓 AssistantProfessor 和 Associate Professor 等称呼。在一些 1992 年后大学里，Lecturer 相当于助教，Senior Lecturer 相当于老大学的讲师，Principle Lecturer 相当于老大学的高级讲师。Professor（教授）是英国大学里的最高学术职称，往往附有具体学科的名字，如 Professor of Human Geography（人文地理学教授）、Professor of International Trade Law（国际商法教授）等。这是因为英国大学传统上每一学科只有一位教授，以保障其最高的学术权威地位——译者注。

级的方式往往相当复杂），所以较老的大学（older universities）和 1992 年后大学这两个类别的成员都发生了相当大的变化。

本书并不认为可以用某种预先确定的方式"规划"学术生涯，也不认为可以像选择不同形式的抵押贷款那样，从一组清晰划定、泾渭分明的人生旅途中择优而用。正如 Craig 所说的，"我感觉不是我选择了学术生涯，在某种程度上，是学术生涯选择了我"。虽然有些受访者自称出身教师家庭或书香门第，因此选择学术是受了家庭熏陶，但大多数人步入学术殿堂是顺其自然的，其中缘分起了重要作用。有些受访者在相对较小的年纪就决心献身学术，例如 Ann 在十四五岁就决定研究某一时期的历史。其他人对学术的选择则来得稍晚一些，并且更具偶然性。Emma 在访谈中说："我想我从未曾明确地决定要从事学术，只是顺其自然。当时导师建议我攻读硕士学位，我也实在不知道除此之外自己还想做什么。"

关于他们的长远抱负，各位访谈者的想法大相径庭，Luke 希望在明确的时间内成为讲座教授（personal chair），Zoe 则更关心生活的总体平衡，凡此种种，不一而足。对于学界新人来说，最要紧的目标，可能就是短期目标，例如取得人生第一个固定职位、得到第一笔研究经费或者写出第一部书。这些新人中有些最终将当上校长，但是如果一个新任讲师以此作为目标，那么他十有八九要折戟沉沙。比较现实一点的目标是当上教授，但更为紧迫的目标可能是得到一个固定的讲席。

在有些人眼里，学术生活可能并非长久之计，而是一块迈向其他工作的跳板；在其他时间里，他们也许在非政府机构、博物馆、档案馆或者国际机构工作。有些人喜欢树立长期目标，并考虑如何实现它们。当我们要求 Luke 为新人提点建议时，他说："要知道自己想得到什么，大胆尝试，并树立目标，尽力探索实现目标的最有效方式。"其他人则为五彩纷呈的生活和人生际遇欣喜不已。Emma 说："我其实不考虑职业地位和升迁问题。我只想保持快乐心情，继续从工作中得到享受。"客观地说，上述第一类人可能会比第二类人"成功"，然而第二类人的小日子会过得很滋润。

1.2 学术生涯的更多目标

不过，即便你是随遇而安，信步迈入学术殿堂，弄清楚自己所处的位置也是有益处的，此外还要弄清为了个人满足所要取得的成绩。正如 Mike 所说的："我选择研究哲学，因为我认为它使我能向世界敞开自己的心扉。"自从 Newman 的《大学之理念》(*The Idea of a University*)① 于 1853 年出版以来 (Newman，1982)，人们对大学在现代社会中的目标就一直争论不休。概括地说，Newman 认为大学提供了"一个持续地对已经感知到的东西进行理性思索的过程"(Barnett，1990，p. 20)。大学的学者们，对作为生物圈和经济社会实体的世界、居住其中的人类和其他物种以及它们之间的相互作用，进行着持续的、批判的思索。这应该引起一个"理性自我增强"(Barnett，1990，p. 21) 的过程，不管是对个人还是对校外社会来说，这个过程都是有益的。从 Newman 的著作发表以来，情况发生了变化，人们不再认为大学教育只是少数精英分子才能进行的活动，而是认为应该向尽可能多的、能够从中受益的人扩展。尽管无法用一个魔术公式 (magic formula) 计算出这一数字应该是多大，不过 21 世纪的高等教育政策强调的是拓宽途径、促进参与。

多年来，高等教育的工具主义观或功能主义观占尽上风。"它包括按照校外社会的价值观和目标来理解高等教育的倾向，以及根据高等教育对社会的财富创造力的影响是否明显来评估高等教育效果的思想"(Barnett，1990，p. 4)。尤其是高等教育在公共基金中占了很大一块，因此有责任为实现校外社会的目标作出贡献，包括满足社会对特定合格人才的需求。然而，虽然学者们不必撤回被谬称为"象牙之塔"的学术机构，但在学术机构和外部社会之间，还是有必要保持一定的界限。高等教育"并不仅仅是教育系统的一个子集"(Barnett，1990，p. 7)。最重要的是，要在研究和教学中都保持知识分子正直的道德标准，避免向既得利益者屈膝献媚。正如 Mike 所说的："这个层次的教育目标是，培养独立的思想家和能进行批判分析的人才。"

在这种批判和分析的过程中，盛行的正统思想不断受到挑战；对于高等教

---

① 此书有一个中文译本，(英) 约翰·亨利·纽曼：《大学的理想 (节本)》，徐辉、顾建新、何曙译，杭州，浙江教育出版社，2001——译者注。

育本质和目的的反思是如此，对于大学所讲授的任何学科亦是如此。因此，高
等教育的那些核心价值观（Barnett，1990，pp. 8 – 9）本身可能遭到挑战，并
且它们中许多是极具争议的概念。鉴于没有人认为大学应当涉足学术诈骗，所
以"对真理和客观知识的追求"（Barnett，1990，p. 8）似乎无可争辩。然而
什么是"客观的知识"？社会建构主义者（social constructivists）认为，所有知
识都源自社会的相互作用，个人和团体建构他们感知到的现实。"理性"
（Barnett，1990，p. 9）似乎是一种不言自明的要求，在经济学中至关重要，但
是这种分析方法充分考虑了情感智力（emotional intelligence）吗？"学术自由"
（Barnett，1990，p. 8）似乎是大学能够运行的一项基本要求，但是对于那些拒
绝少数民族接受大学教育的种族主义者，它也适用吗？本书的读者们需要认真
思索诸如此类的问题，以便更深刻地理解其走进大学的目的。

1.3　当代学术生活面临的挑战

很多人都胸怀大志，希望在一生中"有所作为"，接受过良好教育的人尤
其如此。为他人的生活作出贡献是个人满足感的重要来源。然而，生活也给予
我们越来越多、日益复杂的选择和挑战，其中相当重要的原因是技术的变革。
在我们生活的这个世界里，电子技术为每周 7 天、每天 24 小时的工作提供了
便利，对于学者来说，工作和生活中其他部分之间的界限变得尤其模糊。这些
学者常常面临着一种风险，即他们的人生会全部被工作占用，从而失去正常的
工作—生活平衡；这种情况会使他们变成失去平衡感和比例感的强迫型个体，
对家庭和人际关系造成破坏。Ann 回忆说，她和一位伴侣原本准备结婚，后来
关系破裂，很大程度上就是因为双方都签了短期学术合同，压力巨大。"（在
人的一生中）难以拥有什么永恒的东西，我从来不知道 12 个月后自己会身处
何地。我发现这是最难的，并且我知道其他同龄的女人也是这么做的。"她暗
示这些压力对孕妇尤其严重。

21 世纪伊始，英国大学的学者们面对的是一个压力日益增加的学术环境。
一位博士生说，他发现他们系里 40 岁以下的学者远比 40 岁以上的学者更具竞
争力，也更加粗暴无礼。笼统地说，他们这代人正好是在《英国学术研究评
鉴》（RAEs）开始产生重大影响的时候开始学术生涯的。Luke 说："你一直都

在一个充满各种各样的外部审核的环境中艰难前行。外部机构界定什么才是好的学术。一直存在着一套外部要求。"连续出版的 RAEs 导致人们越来越强调在限定的时间内做出一定数量的研究成果、在主要期刊上发表被广泛引用的论文或者在主要的出版社出版学术专著。尤其是，2002 年 RAE 从被评为 3A 级的系中撤出了经费，并出人意料地削减了被评为 4 级的系可以获得的经费，这引起了一场财务清算，随后出现了研究向少数机构集中的趋势。这意味着，那些得不到研究经费的系面临着要么关门、要么作为附属机构并入其他系的命运，或者它们可以有效地转变为只从事教学的系；在这种系里，任何研究都只是课余消遣，既不能得到资金，也不能在时间安排上得到支持。虽然像化学系这样的自然科学院系由于运作成本较高而一直特别容易被关闭，但是人文和社会科学领域的许多学者们认为，把这个应用于自然科学领域的研究经费拨款模式应用于他们的领域是不恰当的，使他们深受其害。在自然科学领域中，科研经费的集中可能是有必要的，因为研究需要的设备和实验室的花费巨大，而社会科学本质上则不需要那么多经费。

当然，从合作研究的机会、系列研讨会以及吸引外国访问学者的角度来说，在一个机构有一群能进行批判性分析的研究者，可能还是有好处的。人们很容易认为，在 RAE 出现之前，大学处于黄金时代，允许学者为了自身的利益而从容不迫地追求思想。Moran（2005，p. 4）指出："《英国学术研究评鉴》已经导致了学术界许多生活方式的终结。我们对其中某些人——不劳而获者、虚度光阴者、机会主义者——的消失持欢迎态度。"应当谨记：公共资金是用来做研究的，而很多教师显然没有进行什么严谨的研究。不过，今天大多数学术院系的新人们希望在自己所处的环境中迅速做出水平和质量都可被接受的研究成果，并且能够向获得自己的研究经费迈出第一步。

要追求这些研究目标，就必须营造这样一种气氛：更多地关注教学能手，并通过各种外部质量评鉴来衡量教学质量。一般会要求新人讲授一门正式课程。这会带来许多好处，对从未经过授课训练的新人来说是一个提高。然而这也加重了他们在学术生涯早期阶段的时间负担。我们的受访者还对那些课程中许多课的质量不太放心。学界新人们还面临着一个情况，即学生（及家长）为他们的教育支付的学费比过去要多得多。接待日已经今非昔比，以前是 17 岁的学生来查看住宿条件和社交设施（他们现在无疑还这么做），现在则由不愿白白花钱的父母陪同他们前来。可以理解，学生们将一直要求学校保持高水平的教学，并可能对教师的时间提出更多要求；如果他们没能得到满足，就会心生抱怨，甚至提起诉讼。家长们对自己的孩子所接受的高等教育以及这种教育是否物有所值越来越兴趣盎然。所有这些都使教师面对的环境更加苛刻。就像一位受访者所说的："在学术生涯的早期阶段，不管我们是否喜欢，工作所占的时间都比它应占的时间长很多。你不得不在周末和晚上加班苦干。"

目前，学生群体越来越多元化、多样化，这一现象强化了教学提出的挑战。英国大学的质量一直吸引着来自海外的留学生，但是在 40 年前，他们只是外来的少数族群。研究生层面上，在 1998—1999 年，有 32.5% 的研究生来自英国国外，2003—2004 年则升至 37%。预期非英国硕士研究生的数目每年将增长 4%，而英国研究生的数目则保持不变或下降（《泰晤士报·高等教育副刊》，*Times Higher Education Supplement*，2004 年 9 月 17 日）。在硕士阶段，许多课程主要是非英国学生在听——他们通常来自中国或其他东亚国家。课程的全球性味道越来越浓，虽然为授课和学习提供了新的机遇，然而学生们来自不同的文化背景，意味着教师必须在诸如解释问题和监控抄袭之类的事情上付出额外的努力和精力。虽然只有较少的本科生来自英国国外，但一些英国大学打算通过开设海外校园来打开这个市场。预期未来会有更多的学界新人在英国大学的海外校园里传道授业。

目前，英国学生仍然主要来自国民中比较富有的群体，但是随着政府设定的 50% 入学率的目标即将达到，学生的构成也将改变。虽然这种改变造成的影响一直在 1992 年后大学里表现得最为显著，但是比较传统的大学也将要求从难以接触大学教育的人群中招生。比较多样化的大学生源要求学校采用新的授课方法，学生们把自己界定为消费者的倾向强化了这一需求。对 300 名 40 岁以下的学者所作的一项调查表明，有近 4/5 的受访者认为，与自己当年读书时相比，现在的学生期望得到的帮助要多得多（《泰晤士报·高等教育副刊》，2004 年 9 月 17 日）。除了专业知识，教师还必须具备有效沟通的能力，通过帮助学生完成学习任务并满足那些更有工具性教育倾向的学生的要求，来进行沟通。虽然学生仍然看重与老师的私人关系，但是他们希望有效地利用信息技术，得到真正的学习技巧。

显然，新人们开始学术生涯时，幻想越少越好。同事们引起的麻烦可能和学生一样多。在一次访谈中，一位非常成功的年轻学者 Lauren 说她喜欢自己的工作，但同时暗示在学术生活中竞争激烈，其特征是常常有人在背后恶意中伤，并且同事们经常轻信令人不快的流言飞语。同事情谊（collegiality）常罕见，因此比较引人注目。不同的系和学科在这方面各不相同，有些比较友好，并能相互扶持，另外一些就不然。正如 Luke 所说的："我认为同事情谊是重要的，我认为运作良好的系里的同事关系往往融洽些。"不过，Lauren 的话可能指出了学术生活的一个基本事实——"你要踩着别人的脑袋往上爬"。有关美国高等教育的文献指出，作为竞争加剧和市场化的结果，在系级层次上出现了一种越来越"虚伪的同事情谊"，不过这些作者们也指出，高等教育质量保证局（Quality Assurance Agency，QAA）实际上正在着手重建同事情谊（参见 Massy，2003）。

可以把学者作为研究者的角色看作是经营一家一人公司的企业家，思想就是他的产品。许多小企业（例如美容店）都开在非常地方化的市场里，它们在那里面临的价格和质量竞争都是一目了然的，而学者却是在国际市场上工作，并且由于学术研究评鉴带来的压力，这一市场在英国的竞争尤为激烈。它具有奢侈品市场的许多特征，因为市场里的买方和卖方都相对很少，并且竞争更多基于产品的质量，而不是最大产量。因此，在学术市场中的声誉对决定成败非常重要（这更像是经营一个专业画廊，而不是美容店）。不过，在大学里，这一市场的国际特征和它模糊不清的边界，意味着参与者是在不完全信息的基础上和相当不确定的条件下工作的。如果承认任何市场的一个重要动机是减少不确定性，那么流言飞语就是一个增加可得信息存量的机制，虽然这些信息的质量是不可靠的。

本书承认，在学术生涯中，存在许多日益严重的挑战和问题。学术生涯的结构已经发生了根本性的变化。正如 Gordon 所指出的（2005，p. 41）：

简单地说，许多研究者的职业生命周期（career life cycle）越来越不能与简单的"经典"模式相匹配。科学发展这座大厦的支柱建立在攻读博士学位期间所受的训练或实习的基础上，这一点迄今仍然正确。不过，在这种一般性中，也存在着一些重要的限制，包括各学科之间的历史差异、高等教育体系之间的国际差异、市场各部门对研究者的供求波动以及高等教育部门内以实习为基础的课程的显著增加。

读完博士学位，然后找一份工作，并为之奋斗多年，这种情况即使曾经有过，现在也已经不再存在。今天的学术新秀们在自己喜欢的系里得到一个固定的职位之前，可能会先四处周游一番。把他们的任命书列出来，可能会比过去长很多。这种做法未必不好，因为如果一个人在一个职位上干得太久，就会失去新鲜感，感受不到足够的挑战和激励。

一旦入职，学校就会要求学者同时是一个成功的教师、前卫的研究者，并在处理日益加重的管理和行政负担方面表现出才干，并且，正如 Lauren 所说的："工作条件很差，工资很低，为完成工作所需的资源不足。"不过她又说："我想不出（其他）任何我更喜欢做的事情。"虽然压力越来越大，但学术生涯还是具有许多吸引力的，其中相当重要的是，学者从事着智力开发过程，并把这些思想传授给别人。Craig 在一所 1992 年后大学工作，他说："能在现在这个职位上工作，我一直非常开心，非常快乐。"我们的受访者普遍没有认真地考虑过要改行，他们也不后悔自己的职业选择。这一发现并不稀奇，在一次针对 40 岁以下的学者的调查中，有 2/3 表示乐于见到自己的孩子成为学者。只有 1/7 曾经积极考虑去高等教育部门之外的地方工作，其他 85% 则下决心为大学尽职尽忠（《泰晤士报·高等教育副刊》，2004 年 9 月 17 日）。

学术生活要求付出大量的时间和精力，但它也会带来无法比拟的收益。其他工作提供的智力挑战和收益很少能和学术相比。和学生一起做研究有时令人恼怒、精疲力竭，但是也会带来真正的成就感，并且，虽然职业自主权已经受到了侵蚀，但和大多数职业相比，你还是有较多的机会策划和设计自己的职业路径。

本书的意图不是规劝人们不要追求学术，而是指出大家可能遇到的挑战，并提供解决的方法。本书有时会给出一些特别提示，有时则就研究方法给出更一般的建议以供采纳，但是没有包治百病的灵丹妙药。从职业路径、大学、学科和个人目标来看，每个人的经历都互不相同。不过，学者们具有一些共同的背景，足以使他们的经历值得思考。学术生活既是一种"工作"方式，更是一种"生活"方式，这一职业也能被分成许多具体的部分和方面，这是以下各章要解决的问题。

第2章

找一份工作

现在，获得学术职位前的实习期似乎越来越漫长而且难熬，与所谓的黄金时期形成强烈的对比，虽然这个黄金时期可能从未真正存在过。当被问及当代学术生涯面临的主要挑战时，Amy 回答说：

> 当我跟 30 年前步入学术圈的教授提起这些的时候，他们说这些情况以前都不存在，他们是直接参加工作，在英国或美国工作。那时生活非常愉快，他们有时间写自己的论文，那个时代已经过去了，那时你除了专心致志地写论文外，不用做任何教学工作，什么都不必做。现在呢，你一开始攻读硕士，就被要求发表论文啊，参加会议啊，建立人脉关系啊，诸如此类的东西。

目前，人们越来越习惯于在取得学士文凭后攻读硕士学位，接受一些系统的学术训练。然后开始攻读博士，但完成博士学位通常要花四年时间。鉴于这期间可能会为了了解社会或积攒学费而中断学业，所以胸怀大志的学子在年届而立之时尚未获得固定职位的情况并不鲜见。与此同时，他们将债台高筑，只好借助在系里担任按小时计酬的讨论课教师或者在大学宿舍楼当管理员来尽力控制债务的增长。这种教学经验是有价值的，也是有必要的，会提高他们获得教职的机会，但它可能要花费大量时间，对完成博士学位有一定的影响。

当然，学生会有一些机会来改善处境，例如协助系里组织专题研讨会或学术会议，这样不仅能多赚一笔，还可能接触到所在专业的权威人物。不过，这样的任务可能要求苛刻、令人沮丧，并且容易导致延期毕业。拒绝系里提出的、为召开会议帮忙的要求是困难的，但是，在一个人职业生涯的早期阶段就学会说"不"，也是一个良好的时间管理技巧。

这里要指出一个普遍现象，即在你得到了那个心仪已久、还算固定的学术职位后，很容易偏离自己的首要目标。如果你在而立之年，发现自己仍然负债累累，只做过一系列兼职或临时性工作，并且离博士毕业还遥遥无期，这种经历可不美妙。如果你因为自己在系里兼职授课而沾沾自喜，并且在学生宿舍楼有一个舒适的职位（因此不用掏住宿费），那么你就很容易变得安于现状、故步自封，对时间的飞逝几乎熟视无睹。缺乏挑战可能令你锐气渐失，直到有一天你如梦初醒，发现当初一起开始攻读博士的朋友们已经得到了固定职位。然后，你可能觉得成为系里第一个受过博士教育的行政人员也不算坏，但这绝不可能是你当初开始攻读博士学位时心中的目标。

我们一生所作的最重要的决定（例如遇到并挑选一个人生伴侣）中，有许多是慧眼识珠和因缘际会的结果。在我们的职业生涯中，善于利用突然降临的机遇并"安之若素"，没有什么不对。直觉乃是一项不应被忽视的重要禀赋，时常可以依赖。不过，大多数年轻的学界新人要经过很长一段时间的搜寻过程，包括对不同工作进行排序，才能找到正确的职位。因此，清楚地知道自己想从第一份工作中得到什么，是举足轻重的。大多数新人在第二次或第三次跳槽时，才得到和自己理想的职位相近的工作；但是，即使在最初不得不接受次优或次次优的职位时，清楚自己最终喜欢做什么仍旧是个好主意。最好不要仅仅因为一个工作唾手可得并能解决眼前的经济问题，就迫不及待地冲上前去以身相许。

2.1　一些关键的选择：对大学的选择

在对一个职位进行评估时，有三个方面的考虑至关重要：

- 大学；
- 系；
- 个人方面的考虑，例如配偶所在地。

伯明翰大学（University of Birmingham）的教务长 Jonathan Nicholls 预测认为，从 2005 年开始的 5 年内，随着各机构越来越明确地注重教学或研究，或者在市场中寻找一个"空档"，英国高等教育的层次会越来越分明（《泰晤士报·高等教育副刊》，2005 年 7 月 8 日）。显然，一些 1992 年后大学一直注重教学任务，尤其是那些具有社会融合计划（social inclusion agenda）并为当地社区储备人才的大学。在这种机构中，研究活动可能只集中在那些真正具有特殊优势的领域，大多数教员的工作对研究工作并无帮助；像课程表由学校集中控制这样的制度，可能强化了这种情况。

目前，有许多不同的排行榜试图为英国的大学排序。其中有许多细致的等级，最明显的分界线则是在 1992 年前大学（pre-1992 universities）和那些原来是从事高等教育的理工大学（polytechnics）或学院（colleges）之间。在 1992 年前大学中，那些自认为是主要的研究型大学的大学组成了 Russell 大学集团（the Russell Group，见图表 2.1）。是否人人都认同它们自己选择的这一类别并不重要；重要的是，它反映并且影响着这些大学的定位。这类大学当然使我们的部分受访者印象深刻；在一所 1992 年后大学中担任讲师（senior lecturer）①的 20 多岁的 Ann 就满怀壮志地想在 Russell 集团的成员中工作。这些大学占了英国大学研究经费和合同收入的 60% 以上。在 2001 年的 RAE 中，5 * 级系的教师中，有 78% 在 Russell 集团大学中任职。然而，在这一集团内部，在坐落于牛津、剑桥和伦敦的"金三角"大学和其他大学之间，还有进一步的分类。有一个全球大学排名把牛津大学和剑桥大学排在第 6 位，接下来的两所英国大学是伦敦经济学院（London School of Economics）和帝国理工学院（Imperial College），分别占据第 11 和第 14 位。在前 100 名里的其他英国大学中，有三所是位于伦敦的学院，即伦敦大学学院（University College）、伦敦大学亚非研究学院（the School of Oriental and Africa Studies）和伦敦大学国王学院②（King's College London）（《泰晤士报·高等教育副刊》，2004 年 11 月 5 日）。在 Russell 集团之外，还有其他一些规模较小的、通过 1994 年集团（1994 Group，见图表 2.2)③ 组织在一起的研究型大学。

———————————————

① 1992 年后大学中的 Senior Lecturer（本意是高级讲师）相当于老大学的讲师，见导言的有关注释——译者注。

② 这里列出的几个学院前面都挂着"伦敦大学"的称号。伦敦大学（University of London）是一所由多个学院联合组成的学府，也是世界规模最大的大学之一。最初的伦敦大学即现在的伦敦大学学院（University College London，UCL），始建于 1826 年，建立时就是一所不属于任何教派的综合性大学。而当时英格兰仅有的两所大学——牛津大学和剑桥大学——都是严格意义上的教会学校。结果伦敦大学获得皇家宪章授权独立颁发学位的努力遭到英格兰教会的强烈反对，直到 1836 年 2 月 28 日伦敦大学与现在的国王学院（KCL）合并为止。原伦敦大学从此放弃伦敦大学的名号，改名为伦敦大学学院（UCL）。目前伦敦大学旗下有大学学院、国王学院、帝国理工学院（ICL）、伦敦经济学院（LSE）、玛丽皇后学院（QMUL）、皇家霍洛威学院（RHUL）、亚非研究学院（SOAS）等近 20 所学院和一些研究所，分散在大伦敦地区。它们都拥有高度的自治权，在大多数场合被视为独立的大学。根据英国法律，这些学院中有些是"获得认可的机构"（Recognized Bodies），有权颁发自己的学位，尽管多数学院并不执行这个权利。另外一些则是"指定机构"（Listed bodies），仅提供伦敦大学学位要求的课程——译者注。

③ 这一集团因建立于 1994 年而得名，截至 2005 年年底有 16 个成员大学，它们都是获得国际认可的大学，见图表 2.2——译者注。

在 1992 年后大学中，有的相当重视培养研究能力，即便不是重视所有学科，至少也重视一些精选的学科。其他有些重视教学工作，科研则沦为学者们的业余爱好。重要的是，学界新人们要弄清楚各个 1992 年后大学之间的差异，其中有些比一些不太成功的、较老的大学更注重培养研究能力。有些学校难以招收到足够多的、质量合格的学生，这倒未必是因为学校本身质量不高，而是因为它所处的地理位置对学生没有吸引力。最近，Craig 刻意地从一所不受好评的学校跳到了一所评价更高的 1992 年后大学，他对个中差异了然于胸：

> 在过去一年里，让我最受震动的，是各个大学面临的主要挑战差异竟然如此之大。在以前那个学校，主要的挑战之一就是在这个学生人数不断锐减的学校里保住工作，即使课程适应市场需求，并且每隔半年开设新的课程，每次开的课程都是公司执行官们最喜欢的，这种做法就是为了吸引间隙市场（niche market）。这种境况窘迫得不可思议，沮丧得难以置信，对我来说还稍微好点，因为我寻思着即便难题接踵而来，也总是车到山前必有路。在这所新大学里，英语系的重要挑战之一就是学生人数在持续下降。

胸怀大志的学者似乎就应当去"金三角"大学里找工作，不过这个选择并不像第一眼看上去那么简单。虽然目前有人努力想提高牛津大学和剑桥大学中的中央大学（central university）的权威（这一尝试遭到了牛津大学的强烈反对），但目前牛津和剑桥仍然是由许多学院簇拥而成的。虽然专门设计了一些机制来使各个学院掌握的资源趋于相等，但新人在不同学院能够得到的资金可能还是相差甚远。学院式环境（collegiate environment）可能会非常支持新人，但是那些已经习惯以系为导向的环境（departmentally oriented environment）的人，也可能难以适应这种环境。牛津和剑桥的导师制（tutorial system）需要付出非常多的劳动，导致面授课时（contact hours）比其他研究型大学长很多。的确，一直有人提议要把英语辅导老师减半，以便减轻那些据说已经快被工作"压垮"了的学者的负担（《泰晤士报·高等教育副刊》，2004 年 11 月 5 日）。学院也会产生非常沉重的管理负担，并且决策程序相对复杂。在牛津和剑桥的体制内发迹起来的人通常非常愿意继续呆在那里，并且难以适应其他的环境。任何没有牛津或剑桥背景的人，会发现适应一个新职位的转换成本（transition costs）非常之高。

图表 2.1	Russell **大学集团的成员**（2004）
伯明翰大学	University of Birmingham
布里斯托大学	University of Bristol
剑桥大学	University of Cambridge
卡迪夫大学	Cardiff University
爱丁堡大学	University of Edinburgh
格拉斯哥大学	University of Glasgow
伦敦大学帝国理工学院	Imperial College，London
伦敦大学国王学院	King's College，London
利兹大学	University of Leeds
利物浦大学	University of Liverpool
伦敦经济学院	London School of Economics
曼彻斯特大学	University of Manchester
纽卡斯尔大学	University of Newcastle upon Tyne
诺丁汉大学	University of Nottingham
牛津大学	University of Oxford
谢菲尔德大学	University of Sheffield
南安普顿大学	University of Southampton
华威大学	University of Warwick
伦敦大学学院	University College of London

图表 2.2	1994 **年集团的成员**
伦敦大学伯贝克学院	Birbeck，London
巴斯大学	University of Bath
杜伦大学（或杜汉姆大学）	University of Durham
东英吉利大学	University of East Anglia
艾塞克斯大学	University of Essex
艾克塞特大学	University of Exeter
伦敦大学金匠学院	Goldsmiths College，London
兰卡斯特大学	Lancaster University
伦敦经济学院	London School of Economics*
雷丁大学	University of Reading
伦敦大学皇家霍洛威学院	Royal Holloway，London
圣安德鲁斯大学	University of St Andrews
萨里大学	University of Surrey
苏塞克斯大学	University of Sussex
华威大学	University of Warwick*
约克大学	University of York

注：*表示该校亦在 Russell 集团内。

Lucy 曾经是牛津大学的博士后研究员，后来她怀着复杂的心情离开了它：

我的博士后工作很美好，它给了我很多时间作研究，牛津大学财大气粗，对研究提供了充分的支持，我想其他地方恐怕做不到这些。对一些不应被允许的东西它也大开方便之门，我认为这很成问题。虽然我在那里度过了一段美好时光，但是我还是认为它只是和其他学校一样好。但是它有一种被其他地方认可的文化资本（cultural capital），对此我非常清楚，我认为这很成问题。

那么，去申请伦敦的主要学院之一会是一个有吸引力的解决办法吗？对于某些学科来说，呆在伦敦的一个特别优势是能够比较容易地接触到大不列颠图书馆或者位于 Kew① 的英国国家档案馆。即便考虑到向威尔士和苏格兰的权力下放，英国仍然是一个高度集权的宗主国，身居伦敦，你容易接触到高层决策者和主要的艺术、媒体中心。伦敦是最有可能把学者和业界人士召集在一起举行研讨会的地方（虽然苏格兰的爱丁堡也有类似的吸引力）。不过，因为房地产成本和诸如加强安全措施等其他额外成本（虽然一些地方大学也存在这个问题），在伦敦开办大学是非常昂贵的。这意味着你的办公室可能会比其他大学更加局促狭小，并且需要满足更多的条件才能得到办公室。人们经常抱怨说，伦敦的各个学院向教员支付的工资所吸引到的雇员，在能力或奉献精神方面都不如外地的大学所能招聘到的人。最重要的是，伦敦各学院高昂的成本基础（cost base）意味着它们时常会发生财务危机。你还必须谨记在心的是伦敦的生活成本（包括房租和交通费）要昂贵得多，伦敦大学相对较少的补贴无法抵消这些成本。伦敦一个学院的一位年轻的讲师回忆说，他在内伦敦（Inner London）② 能够支付得起的少数几个社区之一买了一套房子之后，一位警察登门拜访，他来安装一个摄像头，以便监控附近的犯罪团伙的活动。

除此之外，理想的选择也许是去一所位于伦敦之外但是距伦敦近在咫尺、雄心勃勃的研究型大学（包括苏格兰那些离飞机场很近、机票便宜的大学）。例如，如果可以自由选择的话，有人可能会考虑合并之后的、雄心万丈的曼彻斯特大学，它在全球大学排名中占据第43位，或者考虑名列48位的爱丁堡大学。主要的地方大学拥有大量的资源，并且能够为年轻的学者们提供一个高度支持性的环境。不过，新人们将会处在一个高度竞争性的环境中，它的内部晋升决策要求把成绩卓越的人放到一起排序。这个集团③内的大学理所当然地期

① 伦敦西部的一个地名——译者注。
② 伦敦的行政区划分为伦敦城和32个市区。其中伦敦城在中间，其外面的12个市区称为内伦敦（Inner London），其他更外围的20个市区合称为外伦敦（Outer London）——译者注。
③ 指 Russell 大学集团——译者注。

望自己的雇员不仅在研究成果方面，而且在教学工作和有效率的行政管理方面都做出高水准的业绩。

因此，一所比较小的或者排名不太高的研究型大学可能令人心仪，如果它有雄心改善自己的地位，则更是如此。1994 年集团把自己定义为由"小型和中型规模"的、"具有国际地位的研究型大学"组成的大学集团。这是根据以下事实来界定的，即向 2001 年的 RAE 提交（斜体是作者加的）的材料中涉及的教员有 95%是在评级为 4 或者 4 以上的系里任职，"这意味着各成员大学在一致地雇用具有国内或国际水平的研究者"（http：//www.1994group. ac. uk/level/About. htm，2005 年1 月 30 日）①。换言之，这些大学里面的 5 * 级系一般都很少。因此，这些大学里的资金可能比较有限，能够得到的资金也许主要用于吸引那些能提高研究名次的"明星"教授。这种大学可能雄心有余而能力不足，以至于年轻教师被委以沉重的工作、有限的资源，同时又要求他们满足很高的期望。当时任高等教育基金管理委员会首席执行官的 Howard Newby 爵士把较小的研究型大学称为"被压缩的中型大学"；一直有意见认为，这些较小的研究型大学试图在 2008 年 RAE 出版之前调整结构，因此特别倾向于裁员。不过，如果在所考虑的大学中，你的研究领域所在的系排名很高，则可以抵消这种不利。

许多新人在 1992 年后大学中得到了第一份工作。在他们从排名更高的大学得到职位之前，可以把这一职位看作是一个跳板。但风险是，沉重的工作量将使他们不能如愿以偿地尽快完成博士学位或者准备好所发表的著作，而有了这些著作就可以在 RAE 中有一个令人印象深刻的词条。最糟糕的是，他们也许会发现自己深深陷入一个管理严格、学生素质低下、工作负担沉重的大学之中。Zoe 曾经谈起她在一所 1992 年后大学中的经历，"差异之一与招生标准有关，招生标准显然有天壤之别，最后确实不得不把那些对课程的学术能力和兴趣可能都远远低于我们意愿的学生揽入门下"。

其他劣势可能包括：没有或者仅有有限的科研差旅费、没有公休日安排、

————————————

① 原书这里有一个印刷错误。原文是 This is defined in terms of 95 per cent of the staff *submitted* (our italics) to the 2001 RAE being in Grade 4 departments of above 'which indicates that member universities consistently employ researchers of a national or international standard' (http：//www.1994group. ac. uk/level/About. htm, 30 January 2005)。句子中的第三个 of 应为 or。另外，RAE 的网站在提及有关内容时，"submitted（提交）"这个字未用斜体，这里的斜体是本书作者加的——译者注。

比其他大学更长的授课时间、骨干教师数目有限、严格的行政管理、多位教师共用办公室。

然而，在有些情况下，去 1992 年后大学任教可能是个正确的策略。第一，有可能某所 1992 年后大学在你的专业领域内拥有科研实力。第二，有这种情况，即 1992 年后大学招聘比较年轻的教师，期望他们将来组成一个团队，以提高本校的科研实力。这样他们在远远低于正常年龄的时候，就有机会领导自己的研究团队。虽然这样一条路能在年轻时带来丰厚的回报，但也充满风险。有可能那所大学的整体文化不太支持研究，并且允许你建立有效率的研究团队的时限可能不现实。他们还有可能相当强调牺牲其他目标来吸引外来经费。尽管如此，我们还是能举出例子，说明对于年轻教师而言，这一直是个非常成功的职业生涯策略。第三，你可能成为这样的人之一，即认为重视教学甚于研究，并对致力于从那些通常被置于高等教育之外的群体招生、提供他们学习机会的情形尤其感兴趣。1992 年后大学对学习方法的创新方面可能也更感兴趣。如果你对这个方面比较看重，那么对你来说，1992 年后大学可能是个恰当的选择。第四，如果你对大学管理感兴趣，那么 1992 年后大学可能在你比较年轻时就能提供较多的机会。

Amy 发现，一所 1992 年后大学里的职位，会提供各种各样在主要的研究型大学里得不到的机会。她遵照一系列临时合同为一所研究型大学工作，并且提出了建立一个写作中心，为学生提供指导的建议。18 个月之后，这一建议被否决了，但是她在一所 1992 年后大学里得到了一个类似的职位。这是一个高级管理职位，并把管理、教学和研究结合在一起，因此更好一些。

2.2　在英国之外工作

另外一个选择是去英国之外的地方工作。可能有些私人方面的考虑会影响这一抉择。姑且不论这些，并且假定你具备语言技巧；考虑到国别差异，欧洲其他地方的大学在学位结构、考试模式和对学生的态度等方面都和英国截然不同。除魁北克①外，北美的大学使用的也是英语，似乎较有优势，但是在学位

---

① 加拿大的魁北克省（Quebec）历史上是法国殖民地，通用法语——译者注。

结构和学生的期望方面（包括学生更愿意尝试就成绩和老师"协商"）也和英国有所不同。学术环境可能也不尽相同，例如和英国相比，美国的政治学更加倾向于定量分析。北美的各个优秀大学资源丰富，令人艳羡，但是应当注意，各文理学院（liberal arts colleges）对教师授课时数的要求非常苛刻。

澳大利亚和新西兰的大学可能是最接近英国模式的，这有助于解释为什么学者们在澳洲（Australasia）① 和英国之间如此频繁地穿梭往返。不过，为了克服地理间隔而不得不进行的长途飞行对于维持研究进程是个难题。

许多澳大利亚学者设法协商出解决办法，在澳英两国之间分配他们的工作。在决定辞别英伦、就职海外之前，你必须从个人和事业两方面慎重考虑：如果它变成了一份长期的工作，那么你将作何反应。如果你希望有朝一日叶落归根，重返故国，那就要确保你的策略得当，将来能助你踏上归途。例如，在澳大利亚的学术期刊上发表的、研究澳大利亚问题的论文，在英国被评定的级别，可能不如它应得的那么高。

在德国做学者

对于那些具备有关语言能力的人来说，北欧的大学可能是个令人感兴趣的选择，并且它们也许会提供进行专门研究的机会。1999 年的《博洛尼亚宣言》（Bologna Declaration）② 以及它随后带来的发展，都是为了使欧洲各国的本科

---

① Australasia 是一个不明确的地理名词，一般指澳大利亚、新西兰以及附近南太平洋诸岛，有时也泛指大洋洲和太平洋岛屿——译者注。

② 《博洛尼亚宣言》是欧洲各国高等教育体制改革的重要文件。欧洲高等教育源远流长，然而各国高等教育体制各不相同，极大地限制了各国高等教育的交流和人才的跨国流动。1998 年 5 月，法、德、意、英四国教育部长在法国索邦（Sorbonne）会面，并与欧洲学术界领袖、欧盟代表、学生代表一起商谈，最后四国部长签署了《索邦宣言》（Sorbonne Declaration）。其要点是：①提出在尊重差异的同时，扫除障碍，建立欧洲高等教育区（European Area of Higher Education），以利于人才跨国流动，推进国际合作，在国际教育市场上赢得更大的份额；②采用国际通行的、由本科和研究生两个层次组成的高等教育体系；③推广欧洲学分转换系统（European Credit Transfer System，ECTS）的学分制，或与ECTS 相容的学分制，使学分可以跨校、跨国转换；④鼓励学生在本科和研究生阶段，至少用一个学期到外国学习，提倡教学和研究人员具有在其他欧洲国家工作的经历；⑤号召欧洲其他国家共同参与这项改革。1999 年 6 月，29 个欧洲国家的教育部长在意大利的博洛尼亚召开会议，并于 19 日签订了《欧洲教育部长联合宣言》（Joint Declaration of the European Ministers of Education），简称《博洛尼亚宣言》。宣言决定在 2010 年前建成欧洲高等教育区。宣言肯定了《索邦宣言》提出的一般原则，主张逐步增加欧洲各国高等教育的可比性和相容性，倡导协调改革、相容体系、共同行动。宣言并不主张欧洲高等教育标准化和统一化。它提出 2010 年前的工作目标：①采用以本科和研究生两个层次为主的高等教育体系和相应的学位结构。本科教育至少三年。本科毕业所授的学位，应适应欧洲人才市场的需要。研究生毕业则可授予硕士或博士学位。②采用 ECTS 那样的学分制。③克服障碍，促进人才自由流动，推进高校在教学和研究方面的跨国交流合作。方便学生在欧洲获得学习、培训和相关服务的机会；承认教师、研究人员、高教管理人员在欧洲范围内的研究、教学和培训经历，保护其合法权利。④各国制定和采用可比、相容的质量准则和评估方法，建立高等教育质量保证的欧洲框架。《博洛尼亚宣言》引出了"博洛尼亚进程（Bologna Process）"这个名词，它指为了在 2010 年建立欧洲高等教育区而启动的改革进程。该进程由各参与国和一些国际组织，包括欧洲理事会（Council of Europe），一起推动。《博洛尼亚宣言》则是博洛尼亚进程的主要指导文件——译者注。

和研究生层次的学位结构更加趋同，也是为了使各国在外部质量保证（external quality assurance）方面更加趋同。假以时日，此举必将使在欧洲从事学术研究的前景更加令人心动。南欧的大学通常仍然是以恩庇—侍从关系（patron-client relationships）为核心的，而这种关系则以一位教授及其研究团队为中心。像意大利所采用的那种国家聘任体系可能会把在米兰（Milan）培训的新人们分配到第里雅斯特（Trieste）、撒丁（Sardinia）或者西西里（Sicily）。德国的大学体系是大陆体系（continental system）的一个范例，对英国的一些新人也许会有吸引力。就科研而言，德国出版物引用率的排名在美、英之后，屈居第三（Gruss，2005，p. 5）。在德国的研究中，有相当一部分是由研究组织进行的，其中马克斯·普兰克学会（Max-Planck-Gesellschaft）[①]最负盛名（2005 年该组织有 78 个成员机构和 12 153 名研究者），此外还有其他一些研究机构，例如柏林的科学研究中心（Wissenschaftszentrum）雇用了 140 位社会科学家进行基础社会科学研究。虽然从历史上看，马克斯·普兰克学会是和自然科学联系在一起的，但它对跨学科研究特别感兴趣，并且在社会科学研究方面颇具实力。它的研究视角包括老龄化、卫生、全球化中的社会秩序以及市场与制度（Max Planck Society，2005）。在它的研究所中，有些专门研究法律、历史（包括欧洲法制史和科学史这样的专门领域）以及艺术史（在罗马）。最近，德意志联邦政府启动了一揽子财务计划，向各大学提供资助，以期在德国建设出能与牛津或哈佛并肩齐名的大学。另外，为了吸引国际市场，现在有更多地采用英语教学的趋势。

　　在德国，教育完全由州[②]（省政府）负责，因此各州的高等教育多少有些差异。为了给教师聘任和职称晋升提供一个共同的标准，州和联邦政府共同制定了一个基本的联邦法律框架——《高等教育框架法》（Hochschulrahmengesetz）——在美国就没有这样的法律。大学直接对相关州

---

　　① 全名是马克斯·普兰克科学促进会（Max-Planck-Gesellschaft zur Förderung der Wissenschaften e. V.，缩写为 MPG，英文是 Max Planck Society for the Advancement of Science）。我国通常简称为马普学会。其前身是 1911 年成立的威廉皇帝学会（Kaiser-Wilhelm-Gesellschaft），第二次世界大战前，该协会因物理学家、量子力学创始人普兰克（Max Planck）的贡献而享誉全球，后来为了纪念他而改名。马普学会由德国一流的科研机构组成，涵盖所有基础科学研究领域。它是一个非营利性法人机构，运作经费 95% 来自德国联邦政府科研部和各州政府，其余 5% 来自各种捐赠。学会的各个研究所经常与所在地大学紧密合作，但又独立于大学，不负责大学内部的教学工作，并且拥有比大学更良好的设备和更充裕的资金——译者注。

　　② 德意志联邦共和国全国分为 16 个州（Lönder），相当于我国的省——译者注。

的教育厅负责，教育厅则拥有正式招聘教师的权利。有时，政治因素也会干扰当地教育厅长的决策。

在德国，要想成为正教授（full professor），你需要有两个博士头衔，其中第二个被称为特许任教资格（Habilitation）①。应该指出，德国博士的学制通常比英国或美国的博士要短得多，一般只要大约两年半就能完成。研究的课题和问题一般也都是导师（德语里称 Doktorvater）提供的。对于来自外国的应聘者来说，这种学位结构可能会引发问题，最近引入初级教授（junior professorship）就是在试图解决这一问题。不过，并非所有的州都支持这一改革。例如，柏林和下萨克森（Lower Saxony）引入了初级教授，但巴伐利亚（Bavaria）等州就一直很勉强。

为了完成学位，德国的博士生通常会在一个大学里担任为期两年的职位。不过，这些职位常常是按兼职（part-time）算的，因此是两个博士生共同分享一个全职职位（full-time position）。虽然这和英国那些从事兼职工作的博士生们的经历没有太大差别，不过在大多数时候，他们实际上希望能全职工作，然后再找时间作研究。由于各州大量削减教育预算，已经导致可以获得并可以据以开始研究员和/或教师生涯的职位非常之少，因此职称晋升实非易事。尤其是，固定职位的数目已经急剧减少，使原本就很严重的工作不安全感（job insecurity）雪上加霜，也导致教师们越来越依赖于和职称结构没有明显关系的短期和中期基金。德国的月亮当然不比英国的圆②，对于那些来自欧洲大陆的其他国家、想在英国谋求职位的博士毕业生来说，亦是如此。为了作研究或者个人原因而去其他欧洲国家工作总是有好处的。

在英国政府的鼓励下，英国大学前往中国、马来西亚、印度和新加坡等地设立校园的倾向愈演愈烈，这为新人们提供了另一个机会。在这类地方呆上两年时间可能有益无害，如果所从事的工作与你自己的研究兴趣有关，则更是如此。不过，一纸把你限制在遥远的校园里执教两年并且不保证能回到英国校园

---

① 在德国，特许任教资格（Habilitation）是专门为有志于从事教育工作的博士设立的一种资格考试。博士毕业后，必须通过该考试，才能取得在高校任教的资格，从而具备了成为教授的基本条件——译者注。
② 原文"The grass is certainly not greener in Germany than in the UK"，直译是"德国的草当然不比英国的绿"，这一说法出自一个著名的典故"布里丹的驴子（Buridan's ass）"——译者注。

的合同，还可能会使你陷入这样一个困境：经济上有所获得，但是你难以再按照意愿的方式从事自己的研究了。经常还有这样一种可能性，即这种大学的本地合伙人在这种安排中逐渐地获得了更大的支配权，一旦学校囊中羞涩，就会削减对外国教师的需求。不过，作为个人偏好问题，对某些学者来说，去国怀乡、周游列国地追求事业，可能是很有吸引力的。

2.3 对系的选择

虽然你身为大学中的一名成员，但是你工作的直接环境却是一个"系"，不管它是怎么称呼的。系，指的是一个从事某一学科或者一些相关学科的研究与教学的组织单位。近年来，大学管理的流行时尚是把"系"合并为"学院"，这一直是1992年后大学推崇的形式。有时人们声称这种变动会带来规模经济；不过，实际上，从大学管理的角度看，这种变动真正的好处在于它提高了中枢控制的机会。数量较少的、身为专门的基层管理人员的学院领导，比数量众多、自认为不仅是学者而且还是管理者的系领导更容易控制。了解一些与你申请的职位有关的组织结构，不失为一个好主意。如果你具备跨学科或者多学科的背景，那么一个不太看重学术学科的、比较松散的组织关系可能更加适合你。名列前茅的苏塞克斯大学就是这种安排的一个良好例子。

总而言之，不管这个"系"的名称和组织结构如何，你都要和一群学科相同的同事们共事。你委身其中的系最好具有如下特点：

- 它规模合理。
- 它有一个与你的研究兴趣有关的研究团队（这个研究团队当然有可能是跨系的）。
- 它不应该人心涣散、四分五裂，或者因为同事关系不好而声名狼藉。

如果系的规模太小（比如全职教师不到10个），你就不得不讲授一些互不相干的课程，它们不会都与你的研究兴趣有关。一旦有一个教员离职或者生病，这个系就无力应对，此时这种额外的负担可能就落在了资历最轻的教员身上。由于人数太少，所以在学校内部的政治斗争中，该系可能难以占据一席之地。在研究集中化的时代，这个系甚至有可能被外系兼并，甚至关门大吉。另一方面，一个系的规模太大（譬如超过30个人），则可能没有人情味，新人可能更加难以适应它的文化和习惯。Emma 说："当我进入一个非常大的系时，让我感到惊讶的是，有的人你连续几个星期都碰不到，因为他们的上课时间和你不一样。"为了解决这个问题，有些较大的系在内部组织研究小组。这种模式是从自然科学研究领域那里借鉴来的，在那里，实验室提供了一个互动中心；但是这一模式在人文和社会学科领域运转如何，还依赖于参与者的人格品质。

拥有一个与你的研究兴趣相近的研究团队，显然是有优势的。一方面，它可以为你提供一群在研究上志趣相投的同事，带来一群良师益友，为你打开一扇扇通向各种研究机会的窗子。另一方面，如果你所在的系里没有一个人和你专业相同，那么即使你开始建立自己的人际关系，并与其他志趣相投的人保持定期电讯联系，你也可能感到茕茕孑立、形影相吊。虽然学者们一般都很忙，不再像过去在资深教师交谊厅（Senior Common Room）里经常发生的那样，在悠闲的餐桌上讨论他们共同的研究兴趣，但是与同事在走廊上的简短谈话，或者在一次研讨会之后与研究领域相同的某人举杯笑谈，都可能给你带来相当大的收获。对于像哲学这样的学科来说，考虑到系的定位是很重要的，因为在大陆哲学和分析哲学之间有着明确的分支。Mike 说："哲学里有一个分支，它影响着整个学科。这个分支的研究者非常教条，对于其他哲学分支的研究者肆意挑衅，并且不屑一顾。不过目前这种情况已经比较少了。"

不幸的是，在有些系里，同事之间的成见由来已久，已经引发了派系之争，这种派系之争又被同事之间连续不断的内讧推波助澜。这种成见可能源自真正的学术分歧，但是也可能源自双方在一件鸡毛蒜皮的小事上的争论，至于争论的内容可能已经忘却了。学者们可能难以相处，关于此，下文还会详加论述。不过，总的原则是，遇到内部人际关系不好的系，最好绕道而行。作为系里的新人，各个派系可能争相拉拢你，一旦你加入其中一个，另一个就会与你为敌。如果你哪个也不加入，那么你可能会被孤立。系里的紧张情绪是同事之间流言飞语的话题之一，这些流言飞语在被转述的时候，又经常被添油加醋。如果你对之有好感的人告诉你某个系里的人际关系紧张，你在申请教职的时候就应该把这些铭记在心。

2.4 个人因素

当你在决定是否申请一份工作时，个人因素是很重要的。这一点因人而异。如果你的母语是威尔士语，那么你去威尔士的一个机构申请教职时，就会得到特别的青睐。如果你的主要业余爱好是登山或者山地运动，那么埃塞克斯（Essex）就不是个好的选择。一个在北爱尔兰工作的受访者指出："北爱尔兰的人才市场与英国本土不同，它扭曲了很多东西。"因为各种原因，来自英国本土①的学者们难以在这里的大学扎根，来自英国国外的学者所占的比例则比来自英国本土的要高。一般来说，具有宽泛文化背景和运动爱好的年轻人可能会在英国的某一主要城市里找到自己感兴趣的东西。对于带小孩的家庭来说，中等规模的小城可能是一个理想的安家之地，但对于单身汉来说，可能就不这么合适了。如果学者的配偶们不是学者的话，它能为他/她们提供的工作机会也有限；的确，一些远离大城市的学者们认为这会阻碍大学招聘人才和留住人才。当然，并非所有的需求都能得到满足。有些本科生是在萨瑞（Surrey）长大的，但是却愿意前往利物浦和曼彻斯特，以便能够就近为自己喜欢的足球队呐喊助威。但是对于选择工作地点来说，这可不是据以决策的好理由。

在申请工作的时候，真正重要和困难的因素是，这些工作地点离配偶的工作地点有多远。各个大学曾经一度坚持要求教员居住在距离大学的一定范围之内。例如，牛津大学曾经要求它的教员们居住在距离牛津市中心的卡法克斯（Carfax）一定距离之内。的确，一位在牛津大学工作的受访者说："在牛津大学的各个学院中，有些给自己的教员提供住房补贴，这是工资之外年金补贴的一种形式。但是要达到补贴的资格，你就必须居住在距离卡法克斯多少英里之内的某所指定的房子里。"不过在许多机构里，这种要求从来没有严格实施过，常常成了一纸空文。在当代的环境下，要强制实施这些规定是不现实的，并且它们往往和劳动法相抵触。

二元生涯（dual careers）是指学者们和自己工作的机构在地理上越离越远。有人可能在夫妻双方的工作地点的中间选择一个地方居住，这样双方都花

---

① 指大不列颠岛及周围附属岛屿——译者注。

费一段长长的但是尚可忍受的时间去上班。大学教员一定程度上可以在家办公，这一事实有助于采用二元生涯。有的大学可能准备有教师宿舍，教员们每周可以在那里住上两个晚上，或者同事们可能允许你偶尔单独使用一下办公室。但是，有时夫妻两地分居太远，其中一个不得不几乎一周都在外面。虽然电子邮件、短信和手机使得定期联系越来越方便、便宜，但是与双方定期呆在一起还是不一样。即使两个特定的地点——例如布里斯托尔（Bristol）和纽卡斯尔（Newcastle）——因为机票便宜而可以接受，但要知道机票可能会越来越贵，航班可能会被取消，你会被抛到不可靠的、拥挤不堪的、在周末尤其容易晚点的列车上去。《泰晤士报·高等教育副刊》指出了这样一个例子：一个在谢菲尔德（Sheffield）工作的讲师，她的丈夫在威尔士的一个机构工作，这意味着每周的大部分时间他们都分居两地，并且每周的开头和结尾她都得乘坐四个小时的火车。她说："一想到又要远离我的爱人，我的心中就充满了恐惧。我不愿意离开他，我真的喜欢学术工作，但是两地分居令人筋疲力尽。"（《泰晤士报·高等教育副刊》，2004 年 2 月 13 日）

　　长期两地分居可以检验双方的爱情，但是一旦有了孩子，麻烦就真正开始了。我们假设配偶中的一个在布里斯托尔工作，另一个在伦敦工作，他们居住在伦敦—布里斯托尔铁路线的中间，例如迪德克特（Didcot）。在火车上有任何耽误都不行，他们面临着一个现实的风险，去托儿所接孩子时，即使仅仅晚到了几分钟，都会遭受高额罚款。当然，许多夫妻开始两地分居的时候，都乐观地认为事情迟早会解决，即使他们最终不能在一个机构工作，也至少不会相距太远。然而，配偶中来回奔波的那一个，不得不转到一个不太符合心意的系，或者牺牲事业发展的机会。如果夫妻两人都改换门庭，则双方都会遭受损失。他们可能发现自己需要在事业和爱情之间作出一个讨厌的抉择。

　　显然，你的第一份工作不可能是理想的工作。正如 Ann 所说的，"学术职位罕见稀少，我只好抓住到手的第一个机会"。那么，为什么不先接受第一个录取通知呢？第一，去申请那些你不满足条件的工作纯粹是浪费时间。一个研究中世纪史的人，去申请一个为现代历史学家设置的、需要讲授两次世界大战之间的独裁政治的职位，几乎没有可能成功。假如你完全符合所申请职位的要求，但是由于你不喜欢这个机构，或者这个系，或者由于它离你的伴侣有几百英里，所以你其实不愿意去，那么这无疑会影响你对面试所作的准备，或者影响你在面试中的仪态，结果你可能铩羽而归。你真正需要做的，是对于所申请的任何工作，都严肃地评估一下其优势和劣势。例如，假设你是个美国文学专家，去一个重点研究欧洲文学的系里申请工作，那么，这所大学的名气，以及它离你的伴侣近在咫尺这一事实，能够弥补你在系里被孤立的风险吗？

你必须在许多不同因素之间左右权衡，最终只有你自己才能作出决定。不过，系统地考虑相关因素，并且将其按优先顺序排序，是一个好办法。考虑一个假设的例子，Nicola 是一个研究冰岛英雄传说的专家，她的丈夫是一个律师，居住在伦敦地区，其工作领域是高度专业化的法律领域，主要的生意机会在首都。她从小道消息得知有三家大学的教职在虚位以待：

• 瑟索大学（University of Thurso），它拥有的冰岛研究专家在英国最为集中，包括一些在冰岛文学方面首屈一指的学者。在上一期《英国学术研究评鉴》（RAE）中，它的评级是 5＊。然而，一场关于冰岛文学的正确翻译方式的争论使该系彻底分裂了。另外，从瑟索到伦敦也非常不方便。

• 斯凯格内斯大学（University of Skegness），它是一所 1992 年后大学，它一直在努力建设一个北欧研究专业。虽然在上一期 RAE 中，它的排名只有 4，但是学校愿意在这个领域投入更多的经费。不过，系里的主要专业是挪威研究，Nicola 将是唯一的冰岛研究专家。斯凯格内斯与伦敦之间的公路和铁路交通都很差。

• 巴塞尔顿大学（University of Basildon），它签订了一个合同，为来自冰岛的公共部门雇员们提供培训，因而需要了解冰岛、会说冰岛语的人做教员。巴塞尔顿和伦敦之间交通便利，但是该职位首先是一个教学职位，在下一期 RAE 中，将不会为该领域列出词条。该校没有一个人对冰岛感兴趣，或者说对冰岛文学感兴趣。

这也许是两难困境的一个极端例子，任何研究冷门专业的人在申请工作时都有可能遇到。但是，在开始求职之前，你还是应该认真考虑一下影响自己选择的关键因素是什么。否则，你将来会发现自己的工作因为种种原因并不理想，并且这会导致你的事业开端就很不如意。

2.5　搜寻过程和入职

在你正式申请工作之前很久，求职过程就已经开始了。随着博士学习阶段的进展，你会通过正式或非正式的人脉关系与外校的博士生们建立联系（许多专业协会都有研究院）。这些关系将帮助你了解外校在你研究领域的进展，以及有关的院系的真实情况。此外，你还会在学术会议上作报告，最初可能只是在专门为研究生举办的学术会议上作报告。这些会议报告将使你见闻于该领域的学者们，并使你发表第一篇论著。在申请工作之前，阅读一下招聘广告也是有益的。这些广告会使你对市场状况有所认识，哪些工作在虚席以待，它们要求什么条件等。查阅招聘广告的最好地方是上 www. jobs. ac. uk 这个网站，它把工作按照种类和学科进行分类。另外，大多数工作还会在《卫报》（*Guardian*）或《泰晤士报·高等教育副刊》上刊登广告。

到底何时开始申请工作，不仅受到财务状况的影响，还受到一系列其他因素的影响。不过，如果你有基金支持攻读博士，那么在申请工作之前，最好充分利用可以得到的资金。

大多数工作会要求你已经获得或者即将获得博士学位。如果它们不要求这一点，那么你就可能会低估在从事教职第一年中，在撰写新的教学大纲的同时抽时间攻读博士学位的难度。你可能会被推迟毕业，这会引起严重的问题，因为现在很多大学对取得博士学位花费的时间作了限制。你在撰写为了获得更好的或者固定的职位所必需的论文的时候，也会遇到麻烦。

不过，别太谨慎也很重要。正如 Ruth 所说的：

我看到的一个建议是，去查阅广告中要求的标准，如果你只满足这些标准的百分之六七十，但不满足剩下的百分之三四十，那么别被它们吓跑。只要你满足了大部分标准，就去申请一下。因为这件事与这一特定工作所处的市场有很大关系：谁在申请，该系未曾言明的条件有哪些——去问问那些目前正在该系工作的人或熟悉该系的人不失为一个上策。

1）其他类型的职位：博士后

相对来说，年轻的学者们很少能够有幸得到固定职位，这有赖于他们能否令人满意地通过试用期，试用期就是他们的第一个职位。对他们中的很多人来说，其他的选择有博士后研究（post-doctoral research fellowship，PDF）、签约研究职位、临时教师职位（temporary fellowship）或者专门设置的助教岗位（虽然很多临时教师的工作量其实相当于助教）。这些职位各有自己的优缺点。

从很多方面看，博士后都是上述职位中最具优势的。正如 Ann 所说的，"博士后研究是无与伦比的，它使你一生受益不尽"。博士后通常很少有或者没有教学任务，也没有行政负担。这意味着这段时间你可以不受打扰地根据博士阶段的研究著书立说，还可以开始策划下一个主要的研究项目。结果，你会成为名列前茅的研究机构的某个职位备受青睐的候选人。问题在于这样的博士后职位相对很少。牛津大学和剑桥大学的各个学院有一些名额，并且对任何大学的毕业生都开放，但是似乎大多数都被这两所大学的毕业生捷足先登了。各研究理事会（research councils）①、英国科学院（British Academy）和利华休姆基金会（Leverhulme Foundation）拥有有限的名额，同时竞争激烈，并且，这些职位固然引人关注，但并非全无缺点。Lucy 说："我认为从事博士后研究对有些人来说非常不错，但是对其他人则只是提供了三年空闲，期间你无所事事，变得毫无信心。我曾经目睹过这种情况的发生。"Amy 建议说："如果你有机会在博士后和固定职位之间作一选择，那就选择固定职位吧。博士后只是权宜之计。"把所有时间都用于研究，还可能使你筋疲力尽，疲惫不堪。

2）签约研究

对于某些学术新秀来说，签约研究职位可能是一个合适的起点，虽然在社会科学领域里，这种职位比人文领域更加常见。在 2002—2003 年间，在英国

① 这里的"研究理事会（research councils）"是一个宽泛的统称，包括英国的 8 个研究理事会，分别是：英国研究理事会（Research Councils UK，RCUK）、艺术与人文科学研究理事会（Arts & Humanities Research Council，AHRC）、生物技术与生物科学研究理事会（Biotechnology & Biological Sciences Research Council，BBSRC）、工程与自然科学研究理事会（Engineering & Physical Sciences Research Council，EPSRC）、经济与社会科学研究理事会（Economic & Social Research Council，ESRC）、医学研究理事会（Medical Research Council，MRC）、自然环境研究理事会（Natural Environment Research Council，NERC），以及科学与技术设施理事会（Science & Technology Facilities Council，STFC）。其中英国研究理事会是后 7 个研究理事会的联合会，协助和支持 7 个研究理事会的科研和联络工作。英国研究理事会每年从英国创新、大学与技能部（DIUS）获得大约 35 亿英镑的公共基金，用于英国的学术研究以及为研究生培养提供资助，涉及学术研究的各个领域和全世界范围的重大前沿课题。这些领域包括：医学、生物学、天文学、物理学、化学、工程学、社会科学、经济学、艺术和人文科学等。重大前沿课题领域包括：环境变化、全球稳定、健康老年、数字经济、纳米技术和新能源 6 大主题。英国研究理事会研究基金所资助的大部分项目都是采用激烈竞争的方式，通过严格和公正的同行评议机制在英国评选出最优秀的科研项目来进行资助。上述资料来自英国研究理事会中国代表处网站（http：//www.rcuk.cn）。本书下文还将论及这些理事会——译者注。

的大学中，有将近 46 000 位只从事研究的学者，占全部学者的三分之一。他们中有 93% 签订了固定期限的合同（《泰晤士报·高等教育副刊》，2005 年 2 月 4 日）。你所工作的机构可能会开展一个让你感兴趣的研究项目，使你得以开启新的研究途径，或者其他任何机会。从事签约研究往往有机会把研究项目中的成果撰文发表，使你的履历锦上添花，虽然这些成果一般是大家联名发表，从而降低了它们在未来雇主眼中的分量。Ann 认为签约研究岗位是"断送学术生涯的终南捷径（甚至在它开始之前就断送了），因为你是为他人做文字工作，不能发展自己的观点"。不过，作为一个签约研究员，Mike 曾经帮人编辑一本书，这使他得以与出版商和首屈一指的研究者们建立联系。尤其是，在人文领域有一些与教学和培训项目有关的签约研究岗位，可以丰富个人的经历。从事像远程教育这样的项目可以学到额外的知识，与此相对应，在有的项目中，你会发现自己的很多时间都被诸如处理数据、为数据分类这样单调乏味的任务占用了。对于签约研究员来说，真正的问题是与系里的其他同事相孤立，当他们被要求长期远离校园、埋头于文献档案或者前往野外工作的时候尤其如此。无论如何，当你身居签约研究职位时，抓住一切机会从事一些教学工作是很重要的，否则未来的雇主可能会认为你研究能力有余，教学经验不足。

另外，你还需要仔细考虑跳出签约研究岗位，开始自己的职业生涯。如果吸引你在大学从事签约研究的是研究而不是教学，那么这似乎是一个美妙的前景。然而，你将总是在（至少部分地由）别人设计的项目中从事研究，这样就没有从事自己感兴趣的研究的自主权。作为签约研究员的事业是不稳定的，虽然可能有机构愿意提供"过渡性"资金，使你在两个项目之间的较短时间段内得以继续进行研究，但是你的很多时间将花在撰写申请书、寻求新资助这种费时的事情上。格鲁斯特大学（University of Gloucestershire）的 John Hockey 对社会科学领域的 60 个签约研究员进行了一项研究，发现他们中的很多人不得不在大学里免费干活，把这作为保持人际联系的一种方式（《泰晤士报·高等教育副刊》，2005 年 2 月 4 日）。签约研究员还常常抱怨（这种抱怨有些道理），说大学的职业架构里没有他们的一席之地，这种职业架构是围绕着如下假设组织的，即正常的模式是由教员来综合担当研究、教学和管理的角色。随着他们的资历变深，大学就可能用工资较低的年轻教员来取代他们。

3）临时教师和助教

不过，对于很多学界新人来说，最一般的入门职位是临时教师。我们的大多数受访者把这看作开始学术生涯的典型起点。Amy 说：

> 在英国，走上学术生涯的路线是，你先弄到一份临时工作，最后，但愿、也许你能得到一份固定工作，这与你对研究机构的忠诚毫不相干。我曾经见过很多人心里想"我将对这个机构忠贞不贰"，然而这个机构却不打算有所表示。

临时教职的产生有各种原因，最常见的原因是当一些教员休研假（study leave）①、接受研究资助或者休产假的时候，需要有人顶替他们的教学工作。有些职位的产生是因为许多系拥有较大的财务自主权，准备用于某一特定领域的临时职位，直到经费金额明确下来。如果可能的话，找出这一职位产生的原因是有好处的，这将帮你判断它是否会变成固定职位。许多职位的期限只有一年，甚至只有九个月。在过去，期限为三年的职位较为常见，但是相关法律的修订使大学必须把这些职位转变成固定职位，或者支付更多的工资。人力资源部常常会推荐把那些已经从事了一系列一年期临时岗位的人转为固定教员。

我们的受访者认为临时职位有利有弊。一方面，它们提供了进修的机会；另一方面，要么是那些暂时离开从而引起职位空缺的教员班师回朝，要么是经费即将到手，该系可以把临时职位改成固定职位，这时会出现一帮新的候选人，使拥有招聘权的系和临时教师的处境微妙。一个明显的缺点是，临时教师会被当作系里的次要成员。Luke 说："他们常常被安排顶替教学工作，他们的工作重点就是教学，这样他们成为系里的成员的能力就不可能展示出来。"不过，他还指出："我知道一些人的例子，他们在系里的定位很好，最终成为优秀教员，甚至在一定程度上不可或缺。"不过 Lucy 指出了成为优秀教员的困难："如果你在一个临时岗位上干了两三年，成了机构的一分子，要想再认真负责是很难的。你想呕心沥血，但是如果你过于投入，就不能集中精力寻找固定工作了。"Emma 则看到了临时工作的一些优点："如果你干过比如说两份临时工作，那你就见识过不同的地方、不同的机构文化，以后会开花结果的。"

---

① 指教师专门拿出一段时间从事研究，不担任教学和其他工作——译者注。

和这些优点相对应，"它对你的家庭、你的财务状况和规划能力有负面影响"。不过，相应地，正如 Ruth 所说的："我认为，如果你真的想得到一个固定职位的话，那么向系里表明你愿意接受临时职位，并且作出必要的牺牲，从长期看是很重要的。"

当系里出现空额职位时，临时教师们可能具有某种优势，虽然有时系里把他们列进入围候选名单只是出于礼貌，而不是将其作为优先考虑的对象。的确，内部候选人有时候会"抱怨说自己没有优势是因为面试官对他们已经知之甚深"（Basnett，2004a，p. 8）。然而，最好牢牢记住，你在系里担任临时教师期间的行为会影响你成功的几率。Eadie（2005，p. 10）对正式教员的评论也适用于临时教师，"聘用教员是为了减轻系里的负担，而不是加重负担，因此独立、信心和可靠都是聘用的前提"。临时教师必须在被视为助人为乐、与人为善和避免过多地承担别人不愿意承担的、沉重的工作之间保持一种平衡。应该记住，临时教师抱怨自己过度劳累会有负面作用。Susan Basnett（2004a，p. 9）写道："我听到过很多抱怨的话，说签署了固定期限合同的教师为了一些鸡毛蒜皮的小事牢骚满腹，提出些无理要求，架子十足，在秘书和学生面前尤其如此。"她还对那些希望从临时岗位转到固定岗位的候选人提了一些良好的建议：

> 强势的内部候选人拥有同事们的支持，以及确凿无疑的强悍的履历。没有人会仅仅因为是个好人就得到工作，但是在其他条件都一样的情况下，这一点当然也会起作用。难以相处、姿态很高、拒绝助人为乐等缺点会使你受到重创。

（Basnett，2004a，p. 11）✎

一个职位的教员的头衔，是识别临时教师实际从事的工作——包括辅导工作、开放日接待、论文指导和行政事务——的明显标识。在冲刺 RAE 的时候，随着越来越多的教师休研假，这样的职位迅速增加。正如 Eadie（2005，p. 10）指出的：

> 虽然与担任兼职导师相比，担任临时教师在工资和工作条件方面的确有显著改善，但也有其缺点。第一个明显的缺点就是许多合同具

有临时性和滚动性特征，这意味着临时教师在经济上不稳定……临时教师容易因学生的差评而受损害，并且一旦合同结束，他们就可有可无了。

2.6 撰写申请书：履历和申请书的格式

在寻找工作的过程中，履历（curriculum vitae，CV）是一个关键的工具。你希望把它提交给潜在的、将来可能会有职位的雇主，并且履历往往和一份职位申请书一起呈交。在申请研究经费和会议差旅费的时候也需要履历。正如 Blaxter、Hughes 和 Tight（1998，p. 39）所说的："在整个申请的过程中，都会面临简洁明白和包罗万象之间顾此失彼、难以兼顾的情况。你的履历使这种情况具体化了。"美国出版的一本关于学术生涯的手册的作者建议说：

> 招聘委员会的成员们第一次浏览一份履历的时间通常不会超过20秒，因此你没有太多时间介绍自己，解释你的工作，使读者认为你就是该系要找的那个人。
>
> （Goldsmith、Komlos 和 Gold，2001，p. 82）

虽然你可能希望英国的招聘委员在把申请丢进垃圾桶之前能比美国人多浏览一会儿，但是作出录用决定的那些人都日理万机，要处理大量的申请，因此必定会快速而挑剔地浏览履历，认识到这一点是很重要的。正如 Luke 所说：

> 在筛选履历的时候，遇到的最令人恼火的一件事情是没有清楚的脉络可以引导你。你原本只想看那几条能够帮你迅速判断他的优点的信息，结果却不得不对他从事学术研究的经历、著作、研究概况等各方面都有一个非常清楚的认识。

大多数学术新人们递交的履历都包含了太多多余的信息，往往给人留下添油加醋、自吹自擂的印象。有经验的筛选者会很快把这些履历挑出来，他们需要知道的是你的关键优势有哪些。正如 Amy 所强调的：

> 尽量别在履历里写太多东西，使之看起来清楚简洁，而不是塞满了琐碎的细节。当我刚到英国的时候，别人给我的一个特别的建议是，如果你提到了自己教过的不同课程，那么在写"班级平均人数"

的时候，要"缩小"一点儿，因为你一次能教 10 个以上的学生这件事在英国还是很新奇的。

因为某些原因——也许是因为他们想表明自己是兴趣广泛、全面发展的人——一些申请者认为在履历里写上一些独特的业余爱好、甚至自己支持的体育团队是个好主意。这样往往要冒一个风险，即筛选者可能会认为这种与工作无关的兴趣会占去你太多的时间，或者认为你喜欢制作船模放入水缸这件事意味着你性格孤僻或过于内向。专栏 2.1 中列出了一些关于撰写履历的建议，但是一份好履历的关键在于它的总体结构：

> 不过，你在谋篇布局时，关键是要让每个阅读你履历的人都很快能够看明白。因此能简则简，不要太长，要加进简短的概括性段落，重点强调你学术研究和工作经历的关键方面。
>
> （Blaxter、Hughes 和 Tight，1998，p. 38）

对于大多数机构中的职位，你的研究和发表的著作具有重要的意义。Luke 建议说：

> 要确保你对自己发表的著作非常清楚，并使之显而易见。例如，你在一个机构里遇到 70 个人在申请同一个讲师职位，阅读求职申请的人并不打算花时间深入研究这些申请，因此你要知道任何一个像样的系需要的是什么，那就是 RAE 上的排名。所以你必须让他们知道你拥有非常好的著作，或者你在冲击 RAE 方面胸有韬略。

Luke 加了一点警告："在论著的大标题下面，通常需要列出论著的详细信息，因此不要把书评放进去，也不要把你自己觉得有点闪光的东西塞进去。"不过，有人可能会说，对于什么算是著作，不同学科的看法各不相同。在经济学中，人们重视的是发表在学术期刊上的论文，而不看重其他任何东西，修改后再次向一个主要期刊提交的论文可以看作一项成果。在有些人文学科里，在声誉卓著的期刊上发表的长篇书评，要比社会学科里更受重视。总之，正如 Lauren 强调的：

> 求职函中不仅要包括你过去做过的研究，还要包括你现在正在进行的、将来计划进行的研究。重要的是让对方明白你有一个动态的研

究计划，它在不断完善，并且你知道自己所处的位置。

专栏 2.1

设计你的履历

你应该包括的东西

关于你的学术生涯的关键信息：

- 从大学开始的教育经历

- 主要研究兴趣

- 在未来 5 年内的研究规划

- 著作（如果你把修改稿也列进去，那就需要说明它们所处的状态，是否已经签订了书籍出版合同）

- 工作经历，包括所讲授课程和论文评审工作的细节

- 在学术会议上的报告

- 获得的资助和奖学金（包括资助的旅费）

- 对于一些人文学科领域的职位，例如媒体、电影和戏剧研究，还应包括有关执导经历的信息

- 推荐人的名字

你还应该解释清楚职业生涯中的间断，比如解释你在"间断年①"中做了些什么。

你应该省略的东西

- 婚姻状况、生育状况

- 中等教育的细节

- 那些尚不确定的发表计划，例如还是工作底稿（working paper）的论文

- 微不足道的媒体经历（但是应当包括对某一个节目或者系列节目的主要贡献，即使你只是做了与策划有关的事情）

- 独特的或者费时的业余爱好

- 不准确的、夸大的或者错误的说法

---

① 欧洲和澳洲的青年学生，有的在求学期间会给自己放一年的假期，例如考入大学后保留学籍，晚一年入学，这一年称为"Gap Year"，即"间断年"或"空白年"。这样做的人叫"Gapper"。这一年可以休息、打工、体验社会或者在各国游学，为未来的学习和工作作准备——译者注。

在履历中必须讲清楚未来将进行什么样的研究项目，以及如何实施这些项目。

你不需要在履历中写上有关婚姻和生育状况的信息，这些信息可能导致对候选人的歧视。不幸的是，当遴选委员会产生这种担忧时，即便委员会主席加以干预，"这种信息（还是会）引来评头论足，认为这会分散候选人的精力，当候选人是女性时尤其如此"（Goldsmith、Komlos 和 Gold，2001，p. 79）。同样地，你的性取向与你是否适合这个职位毫不相干。你也不需要写上你的出生日期，但是遴选委员会可能从你接受中等教育的日期推断出出生日期。"有的人为了防止年龄歧视，根本就不在教育经历中写上日期，但是这只会让人认为你在掩饰自己的年龄"（Goldsmith、Komlos 和 Gold，2001，p. 83）。较晚开始学术生涯的人，会面临其他候选人不会遇到的困难，虽然这种事情不该发生；即使你隐瞒了有关年龄的信息，当你参加面试的时候，也总会昭然若揭。你总得对那些未曾解释过的、学术生涯中的间断年加以解释。这些间断总是让遴选委员会感到困惑，如果这些间断发生在博士学位完成之后，就尤其令人困惑。"让人知道你曾经干过什么，也许比避而不谈、导致他们胡思乱想要好些"（Goldsmith、Komlos 和 Gold，2001，p. 83）。

更为普遍的一点是，人们常常在履历中提供了太多关于自己中等教育情况的信息。遴选委员会并不打算根据你通过了多少门普通中等教育证书（GCSEs）考试或者在中学高级水平考试（A level）中得到过哪些等级①来做出决策，虽然你可能对自己的这些成绩颇为自豪。他们只对你大学之后的成绩感兴趣。还有，在履历中写上关于中等教育的细节无异于授人以柄，如果你读的是私立中学或者收费中学，就更是如此②。目前英国阶级分裂已经没有过去

---

　① GCSE 是指普通中等教育证书（General Certificate of Secondary Education）。在英国，14～16 岁的学生通常会学习 8～12 门普通中等教育课程。考试成绩分为 A＋至 F 各个等级，得到五个 A＋至 C 的学生通常会继续学习为期两年的中学高级水平考试（A level）课程。其第一年课程称为中学准高级水平考试（AS-level）课程，包括 4～5 门课程；第二年课程称为中学高级水平考试（A2-level）课程，通常包括 3 门课程，考试成绩分为 A 到 E 几个等级。如想进一步深造，则需通过 UCAS 申请本科学位，本科院校将根据学生考试的结果进行录取——译者注。
　② 英国的中学实行双轨制，即公立制和私立制（Independent Schools）。公立学校由政府财政支持，提供免费教育。私立中学不靠政府财政拨款，其经费主要依靠收取学费，由董事会管理。这种财政和管理的自主性使私立中学在师资、课程设置及娱乐设施方面比公立学校略胜一筹，但费用较高。私立中学的注册受到法律的约束，其教育质量更要接受私立中学委员会（ISC）的定期检查。正因为有这种严格的质量监控体系，英国的私立中学享誉世界。许多私立学校在英国院校排行榜上名列前茅，且大部分毕业生都升入大学深造——译者注。

那么严重，但是藐视权势的人（inverted snobbery）① 却没有消失，遴选委员会的学者们可能会觉得自己对精英阶层的歧视名正言顺。

和求职申请一同递交出去的求职函也是重要的，因为它有助于表明你的关键优势。Lucy 回忆说：

> 当我把那些求职信筛选出来，开始列出入围候选人的名单时，我发现各个学校的研究生写的求职信千篇一律，都是说："亲爱的老师，我想申请这份工作。"而我以前就读的那所美国大学则教我写上我的研究目标是什么，教学方法是什么，以及如何看待自己在这个行业中的定位。

在撰写履历这方面，别人的建议特别重要，在英国的大学为之提供的系统性训练比不上美国大学的情况下尤其如此。要阅读一下这个行业内其他的新人们和前辈们撰写的履历。虽然在因特网上能找到很多范文，但还是应该问问自己系里的同仁们是不是可以看看他们的履历。不仅要把自己的履历拿给同仁们寻求意见，还要交给老师和导师挑挑毛病。如果你有一个一般的履历作为模板，则要将其加以修改，使之能够反映出你感兴趣的这个系和所申请的这份工作的特色，不要提出不合理的要求。不过，虽然形式很重要，但它无法弥补主旨的缺失。重要的是撰写履历而不是设计履历。

大学教职申请函的格式也适用于其他很多职位，有时候会要求提供一些看似与学术职位无关的信息，例如你的驾照是否有违章记录。然而，如果你需要开着面包车，载着学生们去野外郊游，或者你申请的是一个研究职位，需要驱车访问很多地方进行采访，这一点就很重要了。即使你自己不想买车，驾车也是一个很有用的生活技能；令人惊讶（也许并不令人惊讶）的是居然有那么多学者没有驾照。在任何情况下，即使有些问题看似和工作毫不相关，也要确保完整地填写表格，否则可能会被认为是粗心，或者只是随意地申请一下这个工作。

关于求职函，你要做的一个重要选择是，写谁做推荐人。大多数职位要求写三个推荐人的名字，有的则要求写两个。令人惊奇的是，候选人有时居然会

---

① 对有权势者横加挑剔，想证明自己并非势利眼的人——译者注。

在这方面犯一些基本的错误。正如 Luke 强调的：

> 要确保你的推荐人是可信的。我曾经读过一些愚蠢的求职函，第二个推荐人居然是个火车司机。要有良好的人际关系，列出三个推荐人以便致电咨询，最好是借此暗示你在该行业小有名气。这一点极其重要。

你可能已经选择了一组符合标准的推荐人，并写进履历。一般而言，里面应当包括自己的博士生导师（如果导师不止一个，则至少应该包括一个）。导师能够对你的任何教学工作和为系里作出的贡献作出评判，在推荐人中不包括自己的导师，当然会让遴选委员会的成员心生疑虑。如果你是在职跳槽，那么应当把以前所在系的某位同事写进推荐人名单，最常见的是系主任，或者如果系比较大的话，也可以是副主任或者一个研究小组的组长。再强调一次，如果推荐人中不包括以前所在系的同事，将会使遴选委员会心生疑虑。有的求职者把自己博士论文的校外评审专家写了进去，特别是那些在该学科声名卓著的评审专家。的确，这会影响对方的选择。然而如果校外评审专家只是在毕业答辩时见过求职者一面，那他就没多少东西可说。如果一个推荐函本质上只是说"某某的博士毕业论文质量很好，在答辩时能圆满地回答问题，值得出版"，那么它就不会给你的履历增加多少信息。这一点也适用于你在提交了论文的学术会议上遇到的"泰斗"们。最好的推荐函是由那些对你知之甚深的人们写的，即使他们的学术地位并不显赫。

2.7 系里如何作出聘任决定

虽然不同的系从求职申请中筛选出入围候选人名单的程序各不相同，即使在同一个系里，对于不同的职位，这一程序也部分地和职位的紧急程度有关；一个不算鲜见的程序是，由系里的遴选委员会成员从全部求职申请中筛选出一个较长的候选名单，然后再去查阅他们的推荐函。人事部门会要求准备招聘的系确定受聘者的资格标准和必备的技能。准备招聘的系可能会通过在这些资格前面打钩来表明自己在决策时已经把这些考虑在内了。设计出这一机制是为了防止不恰当的歧视，并为未来可能发生的诉讼提供抗诉证据。不过，在招聘讲师职位时，系里最关心的还是候选人的科研记录和授课技巧。即便如此，系里也不会愿意聘用一个可能会给同事们带来麻烦的候选人。

在招聘委员会的成员都已集聚一堂的时候，却尚未收到有些推荐函，或者有些推荐函到最后一刻才姗姗来迟，这种情况并不鲜见。这会降低推荐函本身的价值，虽然通常要等到收到全部推荐函时才会作出聘用决定。虽然有时候推荐函有助于突出候选人的特别优势，但是如果一些候选人的推荐函都是热情推荐，那么就常常难以根据推荐函分出高下。会产生重大影响的是那种"杀手"推荐函，这种推荐函要么说候选人没有资格得到该职位，要么对候选人明褒实贬。如果一个推荐函只是试图贬低候选人，则它常常会被置之不理。真正有破坏力的是那种先言不由衷地表扬候选人，然后又夸大其词、添油加醋地详述其各种缺点的推荐函。

如果推荐人指出了候选人一些确凿存在的缺点，那他就不可能得到聘用。有的推荐人觉得自己不能支持候选人，就会告诉候选人，但并非所有的推荐人都会这么做，这要么是因为告诉候选人会使自己感到紧张，要么是因为他们觉得自己有职业上的义务去写一份毁誉参半的推荐函，将候选人的优缺点都涵盖进去（虽然有些推荐人写得过于深入，反而忽略了应该提供的信息）。显然，候选人应当避免那些对自己有保留意见的推荐人，但是要事先确定这一点并不容易。

2.8　面试

要整日进行准备，尽量找出该系的有关信息，这一点非常重要。除了和工作申请表一起寄出的信息之外，你还应该熟悉该系和该大学的网站，尤其要注意那些密切相关的、可能会参加面试的系和研究中心。阅读上一期 RAE 的提交情况也是有用的，这可以在网上（www.hero.ac.uk/rae/Results）找到。正如 Luke 所说的："要弄清系里需要什么，你怎么融入这个系，让人知道你将有所作为，会为该系的奋斗目标贡献力量。""对准备去参加任何面试的人的最好建议是顺其自然。你猜想别人可能会喜欢听什么，然后试图据此改变自己说话的内容和方式只会适得其反"（Goldsmith、Komlos 和 Gold，2001，p. 92）。保持一种不自然的形象，在心理上令人厌倦，最终也不可能给别人留下什么印象。

体态形象和自我表现非常重要，因此你要仔细考虑应该穿什么样的衣服去参加面试。这可不是件小事，因为"从衣着能看出人们的各种性格特征"（Goldsmith、Komlos 和 Gold，2001，p. 93）。许多学者穿得显然是从价廉质次的小商店淘来的便宜货，能多邋遢就多邋遢，还认为这是一种荣耀。正如 Susan Basnett（2004b，p. 54）观察到的，"越来越奇怪的是，在一个衣着和形象已经非常重要的社会上，这一帮专业人士却对自己的形象如此满足"。学者的严肃程度有时候似乎和他们衣着的随意程度负相关。关于这种现象，Basnett（2004b，p. 54）认为存在一个宽泛的解释：

> 衣着邋遢，并且声称外表无关紧要是英国的一种传统现象，是向下层人士传递阶级信号的复杂博弈的一部分。一个博士论文评审专家通过在参加博士答辩时穿牛仔裤，传递出这样一个信号："看我多优越！我不需要遵从任何社会着装规范，我多聪明啊！我超越了这一切！"

不管学者们自己的衣着多么随意，他们都不会反对一个人在面试时身穿西装，因为这是这种场合最适当的制服。然而，要确保你穿着西装时感觉舒适。"穿着让你感觉舒适的衣服，从容展现'自我'；否则，你的不舒服可能会被人发现"（Goldsmith、Komlos 和 Gold，2001，p. 92）。对于男人来说，一件运动夹克、整洁的衬衫、领带和带整齐折痕的裤子相互搭配，就是可以接受的衣着。女人的衣着则更难选择一些。"对于女人来说，没有制服可言，因为女人更可能遭遇以貌取人（非学术领域亦是如此），因此在穿着上要冒较大的风险"（Goldsmith、Komlos 和 Gold，2001，p. 93）。那些夜生活时非常合适的衣服，例如裙裤，就不适合面试的时候穿。"不要穿低胸的衣服或者非常短的裙子——你希望面试你的人看你的脸，而不是你的乳沟或大腿"（Goldsmith、Komlos 和 Gold，2001，p. 93）。不管选择什么衣服，女人都需要做到坐着的时候和站着的时候一样舒适。Susan Basnett（2004b）对此提出了两个建议。她赞同地举了一个坐着的女人的例子，"她穿着可爱的、正好到膝盖的裙子和套头衫，看上去打扮得恰到好处，非常专业"，而"一个著名的女学者只穿灰色的衣服，但总是剪裁适当，并衬托以暗调的首饰，因此看起来严肃认真"。和你的朋友们以及更有资历的女性学者讨论一下你想穿的衣服，是值得的。

目前，许多系的面试由一系列的陈述（presentation）组成，其中邀请候选人谈论他们的研究和教学，并回答观众提出的问题。正常情况下，系里所有的成员都会出席这些会议，还会有一些相关的系和研究中心的成员参加。这些会议上的观点经常会被反馈给遴选委员会，虽然这些观点通常是确认或者强化委员会的观点，而不是改变它。然而，系里对某个特定候选人的强烈反对也会影响遴选委员会。委员会的成员也常常参加会议，并且会受到陈述水平的影响。陈述的时间加上回答问题的时间通常限制在 10～20 分钟之间，因此，计划好你的材料所需的时间，以便在时限内讲清楚你的要点，是非常重要的。Lauren 强调说："重要的是要想好你的陈述方式，你说话的方式；如果你穿着外套，弯腰弓脊，陈述就不会那么有吸引力。"肢体语言亦很重要，你要吐字清楚，避免嗯嗯啊啊、嘟嘟囔囔，在当众演讲时昂首挺胸则有助于你做到这一点。

另外，你还可能得到和系里的成员一对一地非正式见面的机会。虽然这是一个获取更多关于系里的信息的机会，但是对于那些觉得自己受制于一系列单人面试的候选人来说，这一机会可能令他感到心中不安。有时候，系里会指定一位比较年轻的教员带着某一特定的候选人四处参观，并带着他/她去吃午餐。有时候所有求职者都被带去共进午餐，不过这并不总会发生。虽然这给了求职者一个打量评估对手的机会，但是这也可能令人相当尴尬。

面试委员会的规模和组成可能变化很大。委员会的主席可能来自本系或者另一个系，但通常都会有一个来自系外的代表。实践要求委员会不能由单一性别构成。虽然委员会的成员少则三人，多则十几人，但是对于比较次要的招聘来说，6～8 人最为常见。他们并非都会提问。面试时间也各不相同，但是对于相对比较次要的招聘来说，通常在 20～30 分钟之间。最好在心中牢记"在面试你的那些人之间，可能存在深深的个人和政治矛盾。如果你在面试过程中感到了敌意，那么它更可能是这种矛盾引起的，而不是你说的什么话引起的"（Goldsmith、Komlos 和 Gold，2001，p. 93）。我们的一些受访者认为职位最终都被那些事先内定的候选人抢走了，遴选程序只是使这种预先选择合法化的一种手段，但是你并不能确定任何一次招聘都是如此，并且在面试中表现优异仍有可能改变委员会的决定，或者使你在后续职位的聘用中受到青睐。

进行面试的方式有很多，你采取的风格在一定程度上受到自己性格的影响。你必须以一种自己感到舒服的方式表现自己。任何展现出一副虚假面孔的尝试都不会奏效，还会自毁前途。你应该设想自己可能会被问到的问题，以及自己将如何回答。Luke 建议说：

> 关于面试，我发现的另一件事是有些人的回答蠢得不可思议，尤其是关于教学方面的问题。一个非常常见的问题是："假设你在面对18 个硕士生主持一个关于 X 学科的讨论会时，你打算怎么做？"答案不外乎："我打算呆在一边，时不时问问他们对于 X 的看法。"我在很多场合都听到过这种回答，恨不能打断他。

不管你就可能被问到的问题排练多少次，都不可能预见到可能提出的全部问题。过多的准备可能导致你被几个关键的单词和短语引导到你准备好的问题上去，实际上却答非所问。那种"一问毙命"的问题很难回答，在面试刚开始的时候根本就不应该提出这种问题，并且来自外系的委员会成员应当制止提出此类问题，但是他们并非不知道这一点。Mike 回忆他的一次面试的经历："系主任向我提了一个非常具有攻击性的问题，对此我只能回应说'我觉得你说得不对'。这让我一败涂地。"

委员会主席可能会问你为什么觉得自己适合这份工作，你会给它带来什么样的特别技能和专业知识，从而给你一个说开场白的机会。你的回答不能太长。在面试中，在避免过于简洁的回答的同时，还应该避免过于冗长的回答。你说的时间越长，偏离主题、自掘坟墓的可能性越大。委员会的成员会认为你讲话啰嗦，不能简洁地表达清楚自己的观点，可能还会因为他们没有时间提问而心生怨气。如果你对一个问题感到惊诧，Amy 建议说："如果你确实回答不了某一问题，想顾左右而言他，那就谈上一点点，但是要控制分寸。求职者要尽其所能地控制面试。"这一点必须做得非常巧妙，避免显得过于随意。

除非你面试的是一个教学职位，或者该系并不进行研究工作，不然，在面试时你肯定会被问到你的研究工作。Eadie 写道（2005，p. 10）：

> 不管招人的这份工作关于学科领域或者经验是怎么说的，底线都是在 RAE 上的声誉。很简单，教员必须从事研究和发表论著。

不要过度吹嘘自己，不要过于夸大某一本书的进度或者提交一份让人难以置信的研究日程，这也是很重要的。如果你面试的是一个签约研究职位，那么重要的是要表现出对于将从事的研究充满热情，但是要努力避免暗示你自己有一个研究日程，并且打算另起炉灶。签约研究员在团队里面资历较浅，人们只希望他们勤勉踏实地完成被分配的工作，而不是试图接管项目的运作。

在面试结束的时候，委员会的成员经常会问你有没有问题要问。你完全没有义务提问，如果你不问的话，他们可能会如释重负，因为他们可能时间很紧，已经超出计划了。关于工作的细节问题可以等到你（如果能）收到录取通知之后再说。然而，有的候选人似乎觉得有必要问上一问，来显示自己对该工作很感兴趣，有意前往。当候选人扯出准备好的一长串问题的时候，委员会的成员们可能正在暗自叫苦。这意味着他/她要么没有仔细研究这份工作，要么是一个挑剔的人，喜欢关注细枝末节。总之，不要问奇怪的问题，比如说，如果你问他们大学里是不是有私人牙医，就有可能冒犯委员会里那些反对私人医疗（private medicine）① 的人，而其他人可能会开始想你的牙齿是不是坏透了。

迄今为止，本节的内容都是假设你面对面地参加面试。有时候，你申请的工作和你所在的地方相距甚远（例如，你或者工作岗位远在澳大利亚），因此面试可能是通过可视会议或者电话进行的。这意味着面试将会在一个不寻常的时间举行。对于面试者和面试官来说，除了没有机会再进行陈述或会见系里的成员之外，可视会议面试和面对面的面试并无不同。不过，可视会议相对昂贵，因此相对次要的招聘可能不会使用。电话面试是一种更加困难的形式，即便事先安排妥当，从而不必把电话在各人之间相互传递。通过电话或者可视会议对你进行面试，可能意味着准备招聘的系对你非常感兴趣。

2.9　聘任

许多大学在面试之后会尽可能早地和候选人联系（最常采用的是电话），以便通知面试结果。采用最广的方法是按照惯例把候选人分成"可以录用"和"不可录用"两类。不可录用的候选人很快就被告知结果。为了防止第一

① 英国的医疗制度称为国家卫生服务体系（National Health System，NHS），为全体国民提供广泛的医疗服务，支付大部分或全部医疗费用。在公费医疗之外，还存在私人医疗，需患者自己支付费用——译者注。

优先候选人拒绝接受这份工作，让可以录用但没有录用的候选人继续等待是有
必要的。知道（即使没有明确说明）自己在等待优先候选人做出决策，还要
继续等待，是一件不太愉快的事情。然而一旦他/她拒绝了，人们将很快忘记
你是第二或第三候选人，你将获得这份工作。

如果你被这份工作录取了，那么在接受之前，你应该抓住机会讨论聘用的
细节问题。显然，一个学界新秀或相对新秀，与大学希望聘任的，可以就教学
时间、助理讲师和研究助手的招募、研究经费等讨价还价的"明星"教授所
处的位置是不同的。然而，如果招聘的大学真的希望聘用你，在薪水上就有商
讨的余地，不过，对于如何办理此事，你必须非常小心。重要的是要弄清楚关
于聘任的所有细节。例如，在试用期，教员通常会承担较少的教学负担，但是
你必须明白这是如何安排的，持续多长时间。如果要求你参加学习，去考一个
教学证书，那么你需要明确这将花费多长时间，是不是限时完成。如果聘任的
一个条件是在规定时间内完成博士学位，那么你需要知道假如超过最后期限几
个月，会出现什么结果。

你还需要弄清楚自己的办公室什么时候能一切就绪。在其他同事搬出去的
期间，你的办公室可能被拖延了，在新的工作之初遇上这种事，是非常令人沮
丧的。要保证你对信息技术的要求被清楚地理解了；如果你需要为教学工作购
买一些额外的书籍和期刊（这更加困难，因为它代表了一种持续不断的协
议），则应该有一个相关的协议。此外，如果你是一位教师，你需要尽早知道
自己将在哪个教研小组（module）担任教学工作，并且和教研组长（module
convenor）谈一谈。在你接受聘任之前，最好尽可能多地理清这些事情，因为
以后再说就会变得很困难。系里通常会灵活处理这些事情，因为他们不想失去
自己挑出来的人选，但是他们能作出的让步是有限的。例如要求系里推迟你的
入职时间，以便你能进行一项访问学者计划是很困难的，因为这意味着系里必
须聘用临时教员来承担原本属于你的教学任务。总之，要牢记如下的建议：

> 重要的是不能把商讨和要求混为一谈。在开始阶段，你不应该提
> 出任何要求，但是谈判的艺术在于找出哪些是可能的：哪些能够得
> 到，哪些得不到。

（Goldsmith、Komlos 和 Gold，2001，p. 119）

2.10　直面拒绝

在我们人生中的某些时刻，都不得不面对失败。一种关系可能会破裂，一段友谊可能会终结，我们参加或支持的体育队伍可能会在一场关键的比赛中折戟沉沙。对于这些挫折，我们会用不同的方法来应对。譬如有些人可能会呼朋唤友，出去大醉一场（几场），有的则会采取一种比较健康的方式，在健身房里把自己累得筋疲力尽，或者来上一段长跑。然而，总的来说，不屈不挠是一种有价值的、值得倡导的心理素质。"不屈不挠是这样一种性格，在顺境中它深藏不露，默默无闻，也许不经意间从某些人身上消失，但是一旦厄运降临，它就勃然爆发"（Persaud，2001，p. 424）。我们难以给出这个概念的定义，至于它主要是先天遗传的，还是能够后天培养的，心理学家们之间存在一些分歧。在口语中，它意味着"坚韧不拔"。

这并不意味着你应该对这种拒绝不屑一顾，将拒绝弃之一旁，说："我才不想去那儿呢。"这种合理化（rationalization）① 的作法方便倒是方便，它可以帮你克服最初的失落感，以便继续前进，但是它对你一开始申请该工作时的判断力提出了疑问，也无益于你从中汲取教训。你没被录取，也许只是因为那里有一个备受青睐的内部候选人，在这种情况下，你可以汲取的教训可能仅限于面试的技巧。也可能是因为未来的雇主和你一致认为你不适合这一职位，在这种情况下，你可以搞明白自己应该申请什么样的职位。不过，还可能是在面试中你的陈述和面试技巧还存在可以改进的方面。你的研究成果中的缺点不会那么快就得到改正，但是你可以（比如说）优先提交他们提出修改意见的论文。

候选人经常对招聘方的反馈的质量感到失望。通过电话传达的这种反馈（如果候选人曾经接到过的话）通常都是和蔼可亲的。打电话的那个人处境难堪，因为他/她不得不告诉你，他们优先选择了别人。这并不意味着那个人比你"更好"，只是因为他/她更加适合这个特定的职位。如果你没有收到任何反馈，或者反馈不能令你满意，那么操起电话拨过去加以质询恐非良策。这样系里会担心你将对招聘程序横加抱怨，因此在回答时小心翼翼。对于求职者来

---

　　① 指通过辩解不一致或不喜欢的行为、动机、信念等，来使其有一个可接受的解释，例如酸葡萄心理——译者注。

说，这是一件不幸的事情，但是它反映了系里对这个日益喜欢争斗的社会的克制的反应。应该尽量设身处地地从雇主的角度看问题，虽然这一点很难做到。他们需要聘用的是符合他们要求的人，而不是为了让你感到心满意足。

在第一次申请工作时，很少有人能找到自己满意的职位。要尽量把一系列的申请和面试看作是一个学习的过程，这样有助于你的发展。你迟早会收到一个录取通知。不过，如果你连续失利，甚至没有机会参加面试，或者你反复面试，却最终与职位无缘，那就需要考虑一下其他职业选择了，比如学术管理。这样改变自己的愿望殊非易事，但是最终可能会有更为成功的职业生涯。我有一个同事早年发现自己缺乏研究天赋，于是改行从事大学管理，结果一路高升，开始还只是在单个的大学，最后在整个大学体系中身居要职。如果他当初坚守讲师的阵地，那么恐怕会一事无成。

其他职业

如果博士毕业生未能找到固定的学术职位，这并不意味着读博士是浪费时间。除了那些决定在大学、研究理事会和其他学术管理中——在这些职位中博士学历重要且有价值——追求事业的博士之外，还有其他许多职位可供博士们选择。例如，在政治学和国际关系领域，他们可以在政府、欧盟委员会或国际组织、贸易协会、公司的政府关系部找到用武之地，甚至出任政府部长。毕业于商学院的博士们往往进了公司或者从事咨询工作。人文专业的博士们可以进出版社、文学期刊、基金会、档案馆、画廊或者博物馆。在这些机构中，博士学习期间掌握的技能可以得到充分施展，在这里学到的新技能，则可能引导你最终重新走上学术生涯，而这一学术生涯在心理上和物质上的回报，会比那种循规蹈矩的学术之路更加富足。不说别的，在学术生活之外呆一段时间，就足以使人更加青睐它的优势。当前，研究生们遵循的职业道路更加灵活，把聪明才智发挥在学术部门并非唯一的或最好的选择。在公共部门和私人部门的很多机构中，严谨的分析技能都是非常有价值的，在这种环境中，拥有聪明才智的人自然会得到特别的回报。

不过，尽管其他的职业道路也可能同样有意义且富有回报，但本书仍是在假设读者希望从事学术生涯并终将获得一份全职工作的基础上谋篇布局的。一旦你得到一个职位，那么你怎么取得成功？这是下一章要讨论的话题。

第 3 章

规划你的工作

　　找到工作之后，你自然希望有所成就。从博士生和兼职教师向全职教员的转型带来的影响可能超乎你的预期。一个已为人母的年纪较大的学术新秀 Maria 发现这种影响"令人难以抗拒"。Ian 评论说：

> 我完全低估了从半正式教员转型为全职教员意味着什么。我曾经设想自己将会少上课，多拿钱。虽然现在这些都梦想成真，但是我却需要做更多的管理工作，还要对自己讲授的专业承担更大的责任。

　　"成功"的含义因人而异。对于自己希望取得的成绩和如何取得这些成绩做到心中有数（不需要严格刻板的计划），对你是有帮助的。正如 Luke 所说的：

> 要明白自己想取得哪些成绩，就要尽量为自己设定一个目标，努力弄清楚达成目标的最有效方式是什么，通常答案都是一样的，首先要成为系里的优秀教员，在学术生涯中，上了年纪却晋升无望的例子不胜枚举。从某种意义上来说，这并非因为缺乏竞争力，而是因为缺乏悟性，不知道你有很多种途径可以为系里作出贡献。

　　学术生涯中有很多不同的道路可走，每一条都会带来不同形式的成功。正如 Lauren 注意到的：

> 在学术界，一个人可以取得各种不同的地位。他可以从中赚取大量金钱，却并不拥有特别高的学术声誉。他可以混入到引车卖浆者之流，投机取巧，欺世盗名，或者身居高位，声名显赫。他也可以拥有崇高的学术声誉，但生活中却鲜为人知。第一件事情就是要决定你想拥有哪种地位。

　　在学术生涯的早期阶段，哪一种定位比较合适？你的选择在一定程度上取决于你所供职的大学和院系、它们的期望，还取决于你自己的目标。"成功"并不仅仅是指职位晋升这样的外部认同。这些固然是重要的，但是在一个具有很强的职业要素的行业中，你需要坦然处之，即通过按照自己认为值得的方式工作来保持平心持正（integrity），达到更大的目标。这样做本身会带来满足和安心，但是也不能将比较功利性的考虑置之不顾。对于大多数年轻的学者来说，如果想获取大量的资助或者建立显赫的名声的话，就需要等到学术生涯的后期才行。

在学术生涯的早期阶段，你的成功主要靠你在教学和研究工作中的优异表现。你还需要成为一个称职的管理者，但是正如下文将要强调的，这应该在不使你从两项核心工作上过分分心的前提下进行。不管意见调查表和其他反馈机制如何重要，在人们眼中勤勉、严以自律和令人鼓舞的教师形象有助于提高你在系里的声誉，虽然这种声誉可能主要来自于学生而不是同事。这还会给你带来巨大的满足感，源源不断地为你的研究提供动力，如果你以开放的心胸向学生学习，则尤其如此。不过，它不可能对你在系外的声誉产生太大的影响，除非你获得一个教学优秀奖。

3.1　提升你的职业地位

在职业生涯的早期阶段，你需要通过发表论著（这将在第 6 章讨论），出席、参加学术会议和其他活动在你的学科中建立声望。论著在提升职业地位中的重要性，怎么强调也不为过。这是使别人知道你学术出众、令人关注的一个重要方式。如果你的论著品质卓越，那么它将广为引用，经久不衰，时时向别人提醒你的兴趣和贡献。优秀的论著自会引起注意，写出将学术讨论向前推进的、高质量著作的声誉，将给你带来锦绣前程。

1）学术会议

学术会议是扩大知名度、建立人际关系的一个重要部分。Ruth 评论说：

> 学术会议对建立人际关系是有用的。有利于展现自己某一项特定的成果。一个人的学术生涯很大程度上取决于他知道谁，而不是取决于他知道什么，取决于在正确的时间、正确的地点、遇到正确的人，从这个意义上说，学术会议是重要的。这在过去很多年里，在特定的

"泡吧"时间（"bar"time）——正式会议之外的非正式时间——一直影响着我。

并非每个人都喜欢交际，在本书写作的过程中，在一次学术会议期间，一位一俟会议间隔便闭门不出、埋头苦干的非常成功的年轻学者被拉到酒吧里。她发现这种非正式的交流对自己的工作具有无法估量的价值。你不一定非要喝酒，还有一些在咖啡厅举行的非正式的交流机会。在这里，你能遇到可能会对你的著作感兴趣的出版商和期刊编辑。出版商常常有自己的接待处，你可以和责任编辑进行约会，但是这些都要提前预约，因为他们的时间表都很紧张。

学术会议形式多样，规模各异，不同学科之间也大不相同。但是宽泛地说，可以分成如下四种：

（1）主要的国际会议（major international conference），通常在美国举行，有几千名代表参加，会议则遍布某一大城市的几个大酒店。

（2）学科协会（disciplinary association）举办的全国性会议。

（3）由子学科（sub-discipline）的研究团队举办的更加专业的会议，这种研究团队常常从属于学科协会。

（4）关于某一特定课题的专家研讨会（specialist workshops），参与者仅限于那些被邀请的人。

即使对于资深学者来说，前去参加主要的学术会议也是一件令人望而生畏的经历，你还没倒过时差，就要排队等候电梯，等待乘坐专派大巴前往另一个酒店，或者努力找出自己想参加的小组（panel）所在的位置。在学术小说中，学术会议是一个反复出现的主题并非偶然。不过，Luke 强调说：

> 我发现在国际学术会议上表现活跃具有难以置信的好处，尤其是在美国，你会遇到很多人，他们其实没有特别的理由非要遇见你。我认为国际会议的主要功能并不是知识的交流，而是你能和别人建立联系。

出席一次国际会议需要提前几个月进行筹划，如果你想提交论文，则更要如此。的确，为了从系里或者外部资金来源获取差旅费，常常有必要提交论文。虽然各个研究小组规模都很大，但是在这种会议上，小组里的位置都是需要高度竞争的，事先和小组或者某一分项目的组织者取得联系是有帮助的。如果你支付得起的话，那么在会议所在的酒店之一下榻也是值得的，这期间在正常价格之上常常会有折扣。在比较远的、比较便宜的地方下榻，会限制你利用会议提供的非正式交流机会。如果会议举办地所在时区和英国相差很大，那么通常需要在会议开始之前 24 小时就提前抵达那里。这样你就可以度过飞机时差中最难熬的时刻，还可以熟悉一下会议所在地周围的环境。在会议开始之前，你甚至可以在当地度过一个短假。不要因为会议组织方提供的任何观光活动会扰乱你的正常工作而一味拒绝，因为这可能是一个与其他会议代表——包括你所在领域中的前辈——进行非正式谈话的良机。

全国性学科协会会议的组织者们面临着一定的困境。一般而言，他们希望尽量邀请比较年轻的学者，但是又想吸引本领域内的"大腕"。在有些领域，有一种明显的倾向，即领域中名列前茅的人物只参加主要的国际学术会议，或者和受邀请的学者举行专家研讨会。的确，学术全球化带来的压力是如此巨大，以至于年轻的教员们学会了重视国际会议而不是国内会议。全国性协会的会议可能具备国际会议才有的极大的广度，但是不具备相关的声望。不过，它们是你扩大接触面和知名度的良方。如果你从事的是临时性的工作，那么有可能在这种会议上遇到正在虚位以待的职位，还可以让那些潜在的雇主知道你。Zoe 发现，在（她的学术生涯）初期，这些会议"特别有帮助，尤其是，它是结识那些与仅仅关注自己专业的学者截然不同的、更广领域内的学者的良机"。

子学科的会议使你可以结识自己所在的特定领域内的学者。他们常常拥有崇高的学术声望，会提出编写一套书（通常是年鉴），或者让一份专业期刊发行一期特刊（special issue）①。这些都是在你的研究领域中扩大知名度、建立学术声望的好机会。然而，如果事情变得糟糕，则其后果可能会比在一般会议犯错更为严重。在一次主要的会议上，Luke 的第一篇论文受到该领域内一位泰斗的"严厉批评"。虽然 Luke 把它视为"人生中必经的重大转折②"，但是

---

① 通常在一次学术会议结束之后，要把会议中涉及的优秀论文结集出版；如果在某一个期刊上出版，就叫"special issue"，即"特刊"或者"副刊"，里面的论文通常围绕一个共同的主题展开——译者注。

② 原文是 an obligatory rite of passage，是指人生中从一个阶段到另一个阶段的转折点的仪式或庆典，例如成人礼——译者注。

如果是在专业会议上，对名声的损害而言，其结果就会更加严重。

被邀请去参加专家研讨会，意味着你对本领域作出的贡献得到了认可。这种会议常常在旅游胜地举行——意大利的贝拉吉尔（Bellagio）甚至成了一部学术小说的主要背景。但是，忽然发现你要和本领域内的学术领袖们促膝畅谈两至三天，会令人感到紧张。不过，要记住，会议邀请你去，是因为它认为你有值得贡献的东西。那些"大腕"们声望稳固，他们中的大多数不会感到来自于一个年轻学者的威胁。如果没有安排你作正式报告（presentation），那么一旦一个明显的机会从天而降，就尽量介入发言。如果你在整个会议期间一直默不作声，你也许不会紧张，但是别人也不会对你有什么印象。但是，不要使用一个长期以来被认为有用的技巧，即认为研讨会上排名中间的那些学者是更好的靶子，批评他们会给"大腕"们留下深刻印象。排名中间的学者们可能更觉得需要捍卫自己，因此可能比你预期的更难对付。他们还可能是明星学者们的配角，看到自己的追随者受到批评，明星学者将会不高兴。

有一些关键要点可以确保在大会上所作的报告取得成功，但却常常被忽视了。即便学术前辈们也往往不善守时，但是如果你有（比如说）15 分钟时间来陈述观点，那么要确保有效地利用这段时间。不要使自己陷入困境，最后不得不仓促阐述自己的主要观点，或者干脆没有时间阐述。如果有一个或者多个人参与讨论，则要确保他们提前拿到你的论文。如果你要使用幻灯片或者高射投影仪，那么要确保必要的设备都完备可用（令人惊讶的是，在美国的大酒店里，这些通常都不是自动备好的）。要确保幻灯片的内容已经被载入所用的设备中。在几乎所有会议中，因为幻灯片出问题而拖延时间都是一个不变的特色。虽然对于那些不善于在公开场合讲话的人来说，幻灯片是一个有用的工具，但是它会鼓励人们放入冗长乏味的内容，并且会取代交流本身，而不是仅仅作为交流的辅助手段（Atkinson，2004；Tufte，2003）。不过，它的使用经常被看作专业性的一个品质证明。此外还要注意，不能让报告的风格盖过了主旨。

不管你的幻灯片做得多好，你还是得开口说话。找到相对于麦克风的适当位置往往并非易事，在报告开始之初，这还会成为一个令人不快的干扰因素。如果你不用麦克风，那就要尽量把声音投射到会议室的后墙上。这样做的难度取决于会议室声学设计的好坏。无论如何不能吞吞吐吐，也不能说得太快——
这是紧张的一个自然反应。在一次主要会议上，如果专家小组比听众还多，那
么也不要感到失望。听众较少，讨论效果往往最好，并且这些听众可能会邀请
你在你论文的基础上，向一份重要的期刊提供稿件。

2）专业协会

即便只是因为专业性的学科协会能让你在参加年会、在期刊发表论文以及
参加专家研讨会时享受折扣，加入它（甚至一个以上）也是上策。许多协会
拥有该学科内各方面的专家小组（specialist groups），你当然应该加入自己感
兴趣的那些，也许还会被允许组织一个小组。有的协会拥有基金，可以帮助年
轻教员出席会议，甚至支付差旅费。在协会中谋得一官半职是提升学术地位的
良方。在协会中承担一些繁琐的事务，可以赢得资历更高的同仁们的赏识。他
们还善于接受该学科比较年轻的成员对专家研讨会或会议委员会的新观点，因
为他们想对学科中的新观点和新趋势作出反应。正如 Luke 注意到的：

> 获取某种宽泛的成员身份是相当有益的。在某种意义上，在人们
> 考虑你有多好的时候，你的知识素质被视为理所当然的东西，但是除
> 此之外，我认为，如果你只是在自己的一亩三分地上勤奋耕耘，而没
> 有把自己推向更广阔的领域，你可能就得不到本应属于你的认同。

Zoe 采取了一个精心策划的战略，她谋求被选进执行委员会（executive
committees），首先是她所在的子学科协会的执行委员会，然后是整个学科协会
的执行委员会。不要认为委员会里的这种职位是为行业内资历较老的成员们保
留的。专业协会希望在自己的执委会中体现出其成员的多样性，因此你（比
如说）来自 1992 年后大学这一事实就成了一项资本而不是缺点。在 Zoe 的例
子里，通过被选为一个小型的选拔委员会（search committee）——设立的目的
是为了选拔协会的下一任主席——的成员，她的贡献得到了认可。

如果可能的话，你应该避免的是成为一次主要大会（有别于专家研讨会）
的地方组织者。系里经常会要求一个年轻的教员"自愿地"地承担这项任务。
即使有办事员的鼎力支持和研究生"帮忙跑腿"，这也会是一场噩梦。学者们
往往非常难于准确地预约他们的要求，即便在最后一分钟，他们也想进行
变更。

你会发现，在午夜之后，你还在处理那些因外出喝酒而不知踪迹的或者把自己锁在房间外面的代表的麻烦事。如果在乘坐豪华大巴前往风景胜地旅游的过程中，有人落在了后面，你就大难临头了。如果大会成功了，那么系里会对你表示感谢，然后每个人都会开始考虑明年的组织问题。如果事情进展不顺利，人们就会埋怨上很多年，还会谈及你起的坏作用。幸运的是，现在，各协会越来越认识到他们必须引入专业人士来为他们组织会议。

我们的受访者提到，在有些学科里，有一些专业的研究所可以为学术工作提供重要的交流中心，这可以作为另一个提高地位的论坛。例如，位于伦敦的历史研究所（the Institute of Historical Research）把自己描述为全国的历史研究中心，举办各种会议，下辖三个研究中心。哥德学院（Goethe Institute）对从事德国研究的学者非常重要，它研究的课题有教会—国家关系以及教育等。法语联盟（Alliance Française）是法国的一个类似机构，在电影研究方面有特别的优势。由法国政府资助的牛津法语研究院（Maison Française d'Oxford）是英国唯一的此类欧洲研究中心，它为学者们提供与法国首屈一指的思想家对话的机会。

3）媒体工作

对于媒体作为提升学术地位手段的价值，或者对于媒体在职业生涯发展中的贡献，我们的受访者普遍持怀疑态度。虽然人们会为缺乏"公共知识分子（public intellectuals）"而感到遗憾，但在他们自己的领域里，人们经常会带着嫉妒和怀疑的心情关注着他们。你不得不考虑谁将会从一次媒体采访中受益。记者们往往事先已经确定自己要写的内容，但是他们需要援引学者的话来作为支持，或者他们会向你盘问一些背景信息，然后用在自己的文章中，而不说明是来源于你。研究机构经常鼓励学者与媒体接触，因为这会提高他们在本地和更广范围内的学术地位，但是他们是为机构而不是为你的利益考虑。媒体专员（press officer）经常会夸大你在某一特定领域内的专业知识，或者鼓励你公开露面，这对你的声望并无好处。在晋升你职位的决策中，媒体工作不可能是一个决定因素。

Lucy 认为，如果参与媒体过多，实际上会给职业生涯带来损害：

> 我感觉这件事实际上有点说不清楚，我认为现在有一种争当媒体

学者的新趋势，我想恐怕有不少人会憎恨他们，要么是因为嫉妒，要么是因为其他人也想这么做，但是做不了。不过我还认为，如果在媒体上花的时间太多，那你可能就会忽视学术中的其他事情。我不觉得这种新的趋势有多好。

研究理事会可能会并且当然会辩解说学者们有责任向更多的受众传播自己的发现。

媒体工作还是向公众证明他们资助的大学教育和社会生活有比较紧密的联系（wider relevance）的一种手段。对于大多数学者，尤其是年轻学者来说，他们喜欢应邀前往的节目通常是受众较少的节目，他们被问及的问题将会检验他们的专业知识，但不是以一种在学术上特别苛求的方式提出的。以本书作者Wyn Grant先生的三次经历为例，他曾经被要求：

- 在一个地方电台上解释美国总统选举结果对一个特定地区的影响。

- 在一个白天的电视节目上，向一个小女孩解释为什么她的小马不会得 BSE①。

- 在一次电视直播中，在莎士比亚的出生地谈论英格兰特质（Englishness）。

媒体对你的时间非常苛刻，希望你在对他们谈话时抛弃细节，只谈主题。如果你在清晨被电话叫醒去接受采访，或者被叫去干等了一个小时，而当更重要的人物能够接受采访时你又被撤下节目，那么对此你可不要感到惊讶。不过，不同媒体的报道方式都是相互抄袭的，在一个媒体上露一次脸，就会引来另一次机会。例如本书作者之一 Wny Grant 刚在清晨接受第五广播电台（Radio Five）② 的采访，上午就有一个电视台的记者奉命登门拜访，邀请他在午餐时分参加电视直播。

如果你有意在媒体上多露面，那就最好参加一下研究理事会或者一些专业协会提供的培训课程，这样可以掌握一些基本技巧，诸如在电视上应该如何穿戴，在广播中如何避免出现"冷场"（无人说话）或被"放鸽子"（打热线电

---

① BSE 指 Bovine Spongiform Encephalopathy，即牛脑部海绵状病变（疯牛病）——译者注。
② 这里指的应当是英国广播电台（British Broadcasting Corporation，BBC）的第 5 电台——译者注。

话的人走了，剩下主持人空对着嘟嘟响的电话）。在电台的夜间听众互动节目中，当只有几个听众在等候你接电话——他们要么对你的节目陶醉入迷，要么已经为之疯狂，或者两者兼而有之——这时你会从做节目中获得乐趣。不过，应该把在媒体上露面当作日常工作之余的一种放松，而不是事业发展中的关键一步。

3.2　时间管理

作为一个学者，你永远不会有足够的时间去完成你想做的每一件事情。因此，考虑一下如何更加有效地利用有限的时间，就是合乎情理的。不过，除了诸如留出研究时间这样的建议之外，我们的受访者们对于时间管理提出的建议非常之少，有些还坦承自己不擅此道。Lauren 注意到，"学者们通常不擅组织"！这也许更多地反映了这个行业内在的压力，而不是因为该行业有吸引那些不擅组织的人加入的倾向。学者们不仅受到日益苛刻的外部环境的压力，还受到内部他们自己设定的优秀标准所带来的压力。目前新人们有一种为自己设定非常高的、难以企及的标准的倾向。学者们可能都不曾留意很多一般的时间管理手册（在网上搜索一下，能找到 2 500 本以上，其中有 200 本以上是专门针对大学生的）提出的标准建议——只要把事情做得"足够好"即可。学者们是最优化者，而不是牺牲者。一个学术新秀要汲取的最严重的教训就是：不必总想做一个完美主义者。正如 Ian 所说的："知道如何抄近路、何时抄近路，是一个有用的技巧。"要牢记最初由经济学家帕累托（Pareto）提出的 80：20 定律，即 80% 的回报来自 20% 的努力。当然，为了利用这个定律，你需要弄清楚努力的哪 20% 能带来回报，关于此，下文将给出一些启示。

必须承认，学术生涯的确要求学者花费大量的时间，因此，对某些人来说，它可能不是最合适的工作。Ian 从整合不同类型的任务带来的挑战中自得其乐："对我来说，学术工作的弹性和极端多样性是件非常奇妙的事情。在工作中，你能知道自己是否是那种能从兼顾繁杂的工作带来的挑战中怡然自得的人。"Ruth 则说自己曾经积极寻找非学术性的工作："主要的原因是想夺回我的周末和晚上的时间，对我来说，当公务员的真正吸引力之一在于可以上午 9 点或者 10 点上班，下午四五点就打道回府。"不过，人们总是这山望着那山高。全球化是一个富有争议的概念，但是剧烈的国际竞争（它也影响到了以前受到保护的公共服务部门）的后果之一是给所有的管理性和专业性工作带来的时间压力，这反映在一种"加班文化"中，在这种文化中，如果你不加班加点，就会被认为没有好好工作。至少学者们可以选择在家里工作一段时间。

Lucy 指出，正是学术生涯的本质导致人们难以把工作和闲暇清楚地区分开来：

> 我发现确实难以"把学术工作视为朝九晚五的工作"。你时时刻刻都在思考。（和休闲相比）我觉得自己在工作上花费了更多的时间。但是我已经作出了这个选择，我觉得自己仍然把学术看作是一种使命；那些满腹牢骚、抱怨工作繁重的人应当跳槽，去从事一种时间划分更加清楚的工作，而不是喋喋不休地说学术应当变革。

现实地说，在学术生涯的早期阶段，在积累研究和教学资历（research and teaching portfolios）的时期，学者们不得不加班加点。虽然对一些特定的要求说"不"是一个必须学习的技巧，但是，Lucy 说："我认为在最开始，最好只管努力工作，尽量多干活，结识自己领域内的人们。"如果（比如）你拒绝为某个期刊写一篇书评，那么该期刊就再也不会邀请你了。

不管把学术生涯看作是多么伟大的使命，我们也必须维护一些关键的权利（参见专栏 3.1）。正如 Luke 所写的："关键是要界定明确，和自己签订一个私人合同，使某些任务不可妥协。"Amy 说：

> 我认为有时候人们会达到一个极限，他们会说："我已经竭尽全力了。"我达到过这个极限，我丈夫也达到过这个极限。上周末，我们有个搞学术的朋友从美国跑过来，她说："你怎么会有家庭？还乘车上下班？这怎么搞研究？你还上课？还搞行政工作？"她还说："我所有时间都一直在工作。"我说你会撑不住的，那时你会说："我受够了。"

不过，这么做是有限度的。正如 Lewis 和 Hills（1999，pp. 107 - 8）所警告的："我们认为，当说'不'会危及饭碗时，这种珍惜时间的方式的成本就太高了。"拒绝做某些事情可能会有不好的结果，但是必须把这和从不拒绝的后果放在一起权衡。对于学者们来说，达到工作—生活的平衡殊非易事，虽然面临此类问题的绝非只是他们。恰如 Luke 所解释的："学术工作的问题在于它没有止境。它是学术生涯特有的一个问题，它确实会占据你的生命。现在我只能在星期六拒不工作。"其他受访者说，他们常常在配偶和家庭的压力下，努力在周末挤出一天的时间来。Lauren 说，自己为了保持工作—生活的平衡，不得不经过了一番心理斗争，虽然她认为对于有孩子的人来说，这样要容易一点儿，因为总有一些家里的事你不得不做。如果你想知道自己的工作—生活平衡的情况，你也许会对心理健康基金会（Mental Health Foundation）在 http：//www. mhtn. org/quiz 上提供的在线测验感兴趣。

专栏 3.1

可接受工作量的外在限度

• 我们每个人都有一个自己的上限，一旦超过这个限度，再努力做任何事情都只会适得其反，因为超过这个限度，我们的总"产出"实际上会下降。

• 我们有权享受私人生活、家庭生活，追求自己的一些梦想。

• 我们有权保持身体健康，因此有权利拒绝一些工作上的要求（和压力），以免损害自己的健康。

资料来源：Lewis 和 Hills（1999），p. 109。

1）对于时间管理的一些建议

有人认为，"就其本身而言，时间并非是不受影响或者不能'被管理'的一维[①]"（Lewis 和 Hills，1999，p. 2）。虽然它可以被（比如金钱）量化，但是和估算换辆新车要花的成本相比，估算撰写一篇文章需要花费的时间要困难得多。时间管理其实是"自我管理"的一种方式。要把时间操控在自己手中，没有魔法可用，只有一些可以帮助我们形成良好的时间管理习惯的小技巧（Lewis 和 Hills，1999，p. 19）。使用哪种技巧依赖于个人的偏好，没有"包治百病"的灵丹妙药。你需要做的，就是列出最适合自己的规则和程序，要做

[①] 在物理学上，有时候把时间视为我们所处的三维空间之外的第四维（dimension）——译者注。

到这一点，你需要"认识"时间。换句话说，你需要认识到"时间管理"是你必须系统地考虑的一个问题。对我们每个人来说，核对出时间浪费在哪里了是一个好办法。

我们难以给出会被普遍接受的建议，因为在关于自己属于哪种人和如何才能最有效率地工作方面，学者们存在两组差异。第一，因为生物钟存在差异，有的人善于早起工作，另一些人则能钻研到深夜。考虑一下自己生理上的黄金时段是什么时候，实乃良策。你是"早起的百灵鸟"还是"夜猫子"？有些人喜欢把处理邮件作为每天的第一件事情，把这当作"热身"。还有的人则在每天的零碎时间里处理邮件，或者留到一天即将结束、自己精力不济、难以进行创造性工作的时候处理邮件。第二，有些（相对很少）学者的办公室整洁干净，各种物品摆放得井井有条；另一些学者的办公室则混乱不堪，但他们却能如探囊取物般轻易地找出自己要找的东西，因为对他们来说，无序就是一种秩序。不过，混乱不能过度。使用文件柜这样的简单组织系统可以节省很多时间，对行政工作来说尤其如此。Ian 曾指着自己乱七八糟的办公室，声称自己在采用"整洁办公"策略，每天下班的时候会将每样东西都各归其位。如果你不能每天清理一次，那至少每周清理一次吧。

如果不采用任何时间管理技巧，你就不能充分地利用时间这种稀缺资源来有效地工作。你将总是被各种各样未完成的工作压迫着。一旦发生这种事情，遭受影响的可能就是你的研究和著述，而非其他事情。讲义必须在事先排好的时间提交，试卷必须在最后期限到来之前批改完毕。大多数学者发现他们需要专门留出相当长的成段的时间才能有效率地写作。这种事情不是在一小时内就可以捡起来，然后又放下的。正如 Lauren 所说的："我需要先进入状态，然后花点时间才能步入正式轨道，然后紧张工作一段时间。"

有些受访者认为假期很重要，认为在假期里可以推进自己的工作。Luke 写道："就坐下思考和撰写而言，短休和假期是非常珍贵的。"一个有用的技巧是计划好如何利用这段时间，给自己设定一些苛刻的、但是可行的目标。这些目标应该反映出对时间的有效利用，而不是在希望工作时拨出特定的时段。换句话说，你应该首先考虑做什么，然后才是如何做。

学术工作，尤其是撰写论著，是高度创造性的工作，不能像水龙头那样开了关，关了开。我们撰写的能力可能会受到心情的微妙影响。有时候需要承认工作毫无进展，这时候最好是彻底放松一下，去做做操、游游泳、种种花、弹弹琴，或者其他任何可以使你放松的活动。在进行这样的休息的时候，不要有负罪感。当你在进行体力活动或者是做家庭琐事的时候，灵感自会油然而生。

　　一些受访者强调说，有效地进行时间管理的关键是自律，但是有些人比别人更能严于律己。把有待完成的工作列成一个"准备完成"的单子，是一个非常简单却非常有效的技巧，但是它也会使刻板和灵活性之间的矛盾浮出水面。建立一套例行程序需要充分的灵活性，以便当事态变化（预料之外的）使放弃例行程序成为有利选择时，就放弃该程序。"准备完成"的单子往往也会成为拖延工作的一个借口。当困难一再拖延难决时（困难是必定会被拖延的），就没有动力设定目标了。时间管理的优先原则（prioritizing）倾向于优先处理那些紧急任务，而不是长期内的重要任务（例如和期刊保持联系）。Craig 总结了这种进退两难的困境：

　　　　严格地抓紧时间有利有弊。在刚开始一份新的工作的时候，不管你是初入职场，还是曾经工作过，第一年都是一场噩梦。唯一的办法就是严格地抓紧时间，给自己设定短期目标，并实现这些目标，但是总是有事情会冒出来打乱这些目标。

　　尽管"准备完成"的单子有这么多缺点，考虑好在特定的某一天或者某一周内需要做好哪些事情，以及在一个学年内要达到的一系列目标，还是有点价值的。在你为研究项目作出长期计划时，记着为项目的不同阶段配置充分的时间。一个常见的错误是为研究的设计和计划阶段分配太长的时间，过于匆忙地开展现场工作，留给整理总结的时间不够。一旦你有了"准备完成"的单子，一个策略就是，首先关注那些费时较少但是不尽快解决就会引起问题的任务。处理好这些任务会带来更大的满足感。不过，"先拣软柿子捏"可能会冒着给难度较大的工作留的时间不够的风险。在实际中，处理不同工作的顺序应当反映出你的个人习惯和偏好。应该给自己设定出现实可行但是需要付出一定努力才能达成的工作目标，这样，达到这些目标就意味着你在那些悬而未决的任务上取得了切实的进展。

　　除了为像写作这样的主要任务留出时间外，有人还发现了一个有益的技巧作为补充，即专门拨出一天来"清理杂事"，即在这一天清理一系列需要关注的、相对次要的事务。正如 Lauren 所说的：

> 我发现集中处理那些拖延已久、堆积如山的事情是有益的，为此花上整整一两天时间不仅使工作得以向前推进，而且使我更加觉得自己在掌控全局。

这样一来，当你集中精力进行研究和写作时，再也不用唠唠叨叨地记挂那些没有完成的琐事了。不过，千万不能让事情发展到那种境地，即你总是在清理次要事务，主要任务却毫无进展。

2）在家里工作

我们的受访者大多认为自己更喜欢把比较有创造性的工作放在家里而不是办公室里进行。Ian 强调说他在家里的办公室是一个技巧的关键，这个技巧是："我想方设法给自己一定的空间和时间。这一时空对于产生正确的思路非常重要。"Luke 则夸大了在家里工作的优点：

> 我平均每周两天在家里，三天在办公室里工作。我想，即使我的办公室离家只有 5 分钟那么远，我也会这么做的。原因是，虽然我在办公室也能很好地工作，但是会有不少人在旁边来回走动，办公桌上也堆满了事情要处理。使自己所处的房间里只有与所写论著有关的资料，这是结庐人境的方法之一。这才是你该做的，而不是抱着一大堆文件夹，里面都是需要你马上处理的琐事。总之，我发现只要我在工作日走进办公室，我就不会再有明确的任务，而是会被卷进行政事务之中。

不过，Lauren 提醒在家里工作的时间不要太长："确保你在办公室里经常露面是有原因的，有的人在办公室里几乎根本看不到。"不过，如果你经常在办公室晃悠，就会被安排干活，原因只是因为你在那里。经常去办公室可能会使人们认为你是系里的优秀成员，但对你长期的职业生涯却没什么好处。如果你因为教学或者行政责任的原因，不得不经常去办公室，那就应该考虑一下如何安排你的时间，以免时间被白白浪费了。Zoe 写道：

> 我向来是每周去办公室三天，上午 8 点到，这样，在学生们来打扰你之前就有时间处理事情，因为他们 10 点之前不会来的，这样做

的结果截然不同。

3) 在教学中避免完美主义

Ann 为时间管理中的"极端自私"辩护,她认为,如果妇女被认为比较善于和学生相处,或者处理行政事务,就会引起性别歧视。从我们的采访来看,新人们,尤其是 1992 年后大学里的承受较大工作压力的新人们,在教学中明显地过于追求完美,这对他们自己,对学生都无益处。在 1992 年后大学里,新的教员被要求讲授与自己的研究兴趣毫不相干的课程,或者自己以前根本没有学过的课程,使这一问题变得更加严重。比如一个研究纳粹大屠杀的专家被要求讲授爱尔兰文学,一个研究英吉利共和国(English Republic)① 的学者可能需要为更加流行的、关于纳粹的课程贡献力量。有些教员在讲授新课程的时候明显非常吃力。

受访者清楚地知道自己备课过于充分了,但是却无力解决这个难题。Ian 指出教学中有"准备得过于充分的危险,和要讲得东西太多以至于没时间讨论的危险。克服这些的唯一方法是逐渐增强信心,这是个时间问题"。就讲义而言,要记着,学生们一般没你懂得多,只能吸收这么多知识,你应该清楚而简要地和他们交流。在讨论课上,学生需要培养独立的以及与他人协作的可转移能力(transferable skills),并陈述他们的发现。只有通过这种方式,他们才能培养出独立思考的能力,这需要学生们独立于在现场指导和组织讨论的教师,而不是主要由教师把在充分备课中积累起来的知识直接灌输给学生。

Craig 反思了由于备课过于充分而压制学生学习导致的问题,并提供了良好的建议:

> 在职业生涯的早期,你不可避免地会准备得过于充分,随着时间流逝,经验越来越丰富,你就会认识到,不仅过于充分的备课以及由此延伸出的信心缺乏是不必要的,而且备课过于充分常常会压制课堂的气氛。随着经验的丰富,信心也会增加,你就会知道讲多少是必要的,讲到什么程度为止。试图把准备的全部内容传递给学生会使课堂

---

① 指 1649—1660 年的英国。1642 年英国资产阶级革命之后,1649 年 1 月 30 日,国王查理一世被斩首,其后克伦威尔(Oliver Cromwell)就任护国主,开始独裁统治。1658 年 9 月克伦威尔去世。1660 年 5 月查理·斯图亚特重返回到伦敦登基即位,成为查理二世,斯图亚特王朝复辟,英吉利共和国结束——译者注。

死气沉沉，应该学习如何使课堂气氛活跃起来。备课过于充分，就会过于强调你的教员身份，然而，至少在讨论课上，应该强调的是如何引导学生。

4）处理行政工作

那些占用时间的事情中，最受我们的受访者厌恶的，无疑是行政任务，在老大学内尤其如此。这部分是因为，对他们大多数人来说，当他们为教学和研究工作殚精竭虑时，行政工作没有什么吸引力。如果愿意在这种事情上花时间的话，还不如一开始就去追求大学管理者的职业（虽然 1992 年后大学的一些受访者认为学术管理是一种可以选择的职业）。行政工作的时间安排特别繁琐不便。"行政任务五花八门，其中很多比较紧迫，需要短期内完成，这些行政任务到来的时间无法预测，因此非常不便"（Lewis 和 Hills，1999，p. 60）。正如 Luke 评论的："（行政）任务让我感到很沉重……这不是生理意义上的沉重，而是和有些任务的强度、紧急性以及常常需要承诺专门拿出时间处理有关。"试用期安排应该能保护新人免于繁重的行政负担，但是我们的受访者认为，即使在研究型大学里，他们也是在劫难逃。Ann 的第一份工作在一所较古老的大学里，在那里她被任命为一个大系的考试秘书。面临着劝告资历较老的同事们修改试卷这一挑战，她淡淡地说："作为一个比同事们年轻 30 岁的临时员工，去做这种事情实在太难了。只有温和地恭维他们才有用。"

在系领导看来，困难在于，如果有人不做行政工作，那就必须安排给别人做。不过，Ruth 道出了一种现象："在这个等级体系中，地位越低的人承担的行政工作越繁重。"可以断定，你不可能躲过某些行政事务。因此，弄清楚你什么时候在劫难逃，什么时候可以溜之大吉，是非常重要的。要确保你在适当的场合办事得体，做好记录保存等工作，例如在学生开始讨论时记下讨论的内容。要给人留下一个组织有方、自信地掌控局面的印象（纵然你其实并非如此），这一点很重要。如果你不知道某个问题的答案，就尽快地找出答案。要弄清楚院系或者大学里哪些行政人员能够为你提供此类信息，并与之建立良好的关系。要熟悉大学的校园网上的相关信息是如何组织的，以便在需要时能迅速获取这些信息。

当然，有些行政工作的本质决定了它们会在一年的特定时间达到顶峰，例如充任考试秘书或者新生遴选委员（admissions tutor）。因此，这种负担在一定程度上是可以预见的，但是它能让你在特定的时间内无法从事其他任何工作。另外重要的一点是，不能在行政工作上过于追求完美，只要不忽视它即可。没有人会因为善于担任考试秘书而得到提拔。另外还有一个风险，即如果你被大家认为是一个有效率的行政人员，那么整个大学都会给你分派任务，一转眼，你就成了安全委员会的副主席，或者被任命为应急发电设备工作委员会的成员。反过来，如果你把一件重要的行政工作弄得乱七八糟，或者干脆啥也没干成，你的同事们也不会很快就忘记并原谅你。另外值得牢记的是，如果你承担的一项任务（比如担任考试秘书）使你得以接触你所在学科的泰山北斗，那么高效地履行职责会给他们留下一个良好的印象。他们会对你另眼相看，认为你会成为一个很好的研究合作伙伴。

5）和后勤人员一起工作

很多行政工作都会使你接近并经常接触后勤人员，系的日常运作依赖于他们的工作。这些年来，这些人员的角色已经发生了改变。由院系配备秘书——通常是一个成年妇女，她的行政职责总是和分发通知、为学生提供后勤服务结合在一起——的模式已经渐行渐远了。现在，比较大的系都会有一个行政人员（或许他还有会计任职资格），他在一定程度上被学校的中枢行政服务中心（central administrative services）视为自己在系里的代表。此外也许还会有一个系主任的秘书，以及为学生提供接触渠道的、明确分开的研究生和本科生办公室。万万不能低估了后勤人员的影响力。Van der Berghe（1970，p. 34）写道：

> 秘书通常是最熟知系里的事务——绯闻啦、政治斗争啦以及学术啦——的人。他们能对系主任和其他人物施加相当的影响。永远也不要想压他们一头。

要避免和后勤人员发生摩擦，这一点非常重要，并且也不要被拖下水，在后勤人员之间产生的矛盾中支持其中一方。他们常常承受着学生和教员的压力，在每年比较繁忙的时候——例如考试——尤其如此。他们特别不喜欢的是，在出了问题的时候，联系不到教员，因此应该告诉他们你的手机号码；当你在家里工作时，如果他们联系了你，你要彬彬有礼地回答。如果他们的某一工作方式，例如处理考试成绩的方法，让你感到不喜欢或不方便，要尽量有技巧地建议他们加以改变。除此之外，不要对他们飞扬跋扈，颐指气使。要像对待学术同仁那样，把他们当作研究团队中的同事。当我们询问 Lucy 她愿意给学界新人一句什么样的忠告时，她说："要尊重秘书，对他们和蔼可亲，因为他们才是真正掌控这个系的人，并且是工作最辛苦的人。"

3.3　和同事建立良好的工作关系

人文和社会科学领域的学者们常常有一种个人主义的倾向，即使他们在特定的研究项目上和同仁合作，也几乎是像个体户那样工作。在自然科学领域，实验室把大家聚拢到一起，共同协作。但是在人文领域，很多工作是在档案室和图书馆进行的；在社会科学领域中，学者们会按照自己的日程会客，或者潜心于自己的工作。RAE 带来的压力可能强化了这种工作方式。Lucy 评论说：

> 学术界的一个问题是，你需要"深居简出，埋头钻研，这样才能在 RAE 上榜上有名"。如果大家更加共同协作，更加强调合作教学（team teaching）和协同研究（team project），我想大家的日子会好过得多。

在提到一所名列前茅的研究型大学的某个系时，Amy 写道：

> 我有一些朋友，过去曾经抱怨说："这里的每个人都专心致志，心无旁骛，并且大家住得都不近，我们从来不进行任何社交活动，大家都废寝忘食。"在一所顶尖的研究性大学中，学校强调政府所说的"研究"，这是你获取奖金的资本。

但是正如 Zoe 所写道的："在人生道路上总会有困难的时刻，与人为善其实能帮你度过这些时刻。"

系里可能派系林立，争斗不已，Craig 考虑了这会带来的挑战：

> 我现在在这里是个新人，在系里的勾心斗角中，我只能谨小慎微、谨慎行事；系里总是派系林立，暗流涌动，身处其间，真是举步维艰。当你发现自己处于系里一些互相厌恶的同事之间的根深蒂固的矛盾中时，你也会感到非常气馁，望而却步。我发现自己只能把头一低，除了工作方面的事情之外，尽量不卷入任何一场争斗，因为这种争斗往往都是些鸡毛蒜皮的小事。

Lewis 和 Hills（1999，p. 101）指出："把时间花在建立良好的工作关系上，以及处理人际纠纷或者矛盾上，未必就是浪费，即使这些时间是从教学、研究这样'重要'的活动中抽出来的。"正如他们所写的：

> 如果人际关系良好，那么你就会从时间管理的互依性（mutual support）等方面受益匪浅；但是如果人际关系糟糕，那么不仅工作的效率会受影响，而且，在最坏的情况下，控制时间的所有努力都可能归于失败。如果我们发现自己陷入纠纷，或者如果确凿地发现其他同事正在以某种方式危害自己的地位，我们就会深深陷进去，考虑如何解决这个问题，并忧心忡忡，在其他任务上的工作也会大受影响。

为了有效率地工作，有必要敏感地意识到并理解其他人的处境。Craig"通过一种非常直率的方式"来解决人际关系问题，"我径直走到那个同事的办公室里去息事宁人。我个人认为可以这么做，但是很多人不这么认为，也不愿意这么做"。即使你做不到这一点，也要避免写"充满怒火"的电子邮件，这只会雪上加霜。如果某些事让你勃然大怒、心烦意乱，那么在采取行动之前，静下心来考虑24个小时，考虑一下这件事对未来一个月或者一年有何重要意义。有时人们只是当天心情不佳，并在最近的目标上发泄出来；如果这一偶发事件导致双方关系恶化，那就太不幸了。正如 Luke 建议的：

> 要尽量谅解，当人们对你发火的时候，他其实不是针对你的。要对人生的价值有所了解，有时候要懂一点心理学知识，愤怒和怨气常常是会传递的，他其实并不是针对你的，不是你的错，你只不过正好在那个时刻成了一个靶子。这时候你的反映要么是顺水推舟，见风使舵，要么——如果有必要，如果你认为自己行得端走得正，并没有错的话，那就理直气壮，站稳脚跟，然后再澄清事实。

咨询课程上讲授的一些人际沟通技巧对与同事培养较好的关系可能不无裨益，如果你所在的大学开了这样的入门课程，就值得去听一下。本书作者 Wyn Grant 曾经在大学里听过一次这样的课程，发现这种时间花得很值得，尤其是在培养倾听的技巧方面。当然，咨询绝不仅仅只是"罗列一大堆技巧"（Sanders，2002，p. 67），即使不打算当咨询专家，也可以去听一下咨询课程。它还有助于你善待你的学生。咨询课程的一个核心价值是同情：

这一课程强调：要善于从其他人的角度来考虑问题，尽量理解其他人的观点，他们的意思，以及他们的生活。要设身处地，理解他们的想法和感受——不仅倾听他们的"抱怨"，也倾听他们的"快乐"。

（Sanders, 2002, p. 68）

学者们非常习惯于被人问及他们在想什么，但是很不习惯被问及他们的感受。鉴于（尤其是在社会科学领域）他们的工作大多是要作出理性的判断，或者基于规则的判断，因此这毫不奇怪。快速地掌握知识可能越来越容易，也越来越安全，但是在与同事建立关系时，重要的是要努力去确定并触及对方的情感。同情一个惹人讨厌、难以相处的同事并非易事，可能非常难以做到。的确，关于一个人应当多大程度上去理解他人的处境，是有限度的，在下文讨论有关欺凌和骚扰的话题时，会回到这个问题。在一定程度上，学者们都争强好胜，那种同事之间情真意切的黄金时代的神话——每个人都坐在高桌（high table）① 上或者资深教师交谊厅里讨论院系的大政方针——的确是令人神往的。但是：

在资源方面的、给院系业绩方面带来的压力的变化有一个不好的副作用，即同事之间的矛盾越来越深……有的同事的特殊行为方式过去显得可爱，或者至少可以忍受，现在则让人感到是一种缺点。

（Lewis 和 Hills, 1999, p. 13）

Ruth 写道："认为我们大家都会成为朋友，在一个相互协作的环境中工作，这种想法的确不错。但是我越来越觉得这是一个竞争性的环境。"

即使有些同事令人厌烦，或者甚至碍手碍脚，投入一些精力培养与他们的关系也是值得的。在个人和工作之间划清界限可能会带来问题，但是过于固执地坚持把个人和工作之间截然分开，则可能会有副作用。Emma 讲了和一些同事交朋友的例子：

我有一些非常好的朋友，在工作之余我会去看望他们。我觉得，

───────────────────

① 在英国一些大学的餐厅里，在餐厅主席台上摆放一排较高的餐桌，称为高桌（high table），或译贵宾桌；下面则摆放较矮的、纵向拼在一起的长桌子。用餐时，学院的首脑和教师们在高桌上用餐，学生们在下面的矮桌上用餐。在高桌上用餐要穿正式的无袖黑袍（gown）。另外，每周还会邀请一两个学生去高桌用餐——译者注。

在工作场所，我们还是应该转换角色，以同事相处，公事公办。虽然工作是安身立命之本，但是我认为，拥有一些可以推心置腹的人，是很重要的。建立一些友谊是很重要的，否则你就会茕茕孑立、形影相吊，因为学术本质上就是孤军奋战。

扪心自问"如果我面临着一个大危机，或者不得不作出事业上的一大抉择，有谁可以依靠"是值得的。因为我们的生活总是忙忙碌碌，以至于与工作早期结交的那些良朋挚友们联系日少。这部分地说明"老友重逢（Friends Reunited）"网站的呼吁是有道理的。也许我们值得花些时间和精力与那些为了追求事业而漂流到天涯海角的朋友们——例如你的博士同学们——重新取得联系。他们会给你冷静的、理智的建议，这种建议是你自己系里或大学里的同事们难以给出的。

以上讨论的很多问题，都和你自己面临挑战时作出的反应有关。不过，大学和院系能够提供一种有利于建立和发展人际关系的环境，也是很重要的。Luke 总结了把个人主观能动性和院系提供的支持性环境结合在一起的方法，认为在通向成功的道路上，同事情谊并非是一个可有可无的额外选项，而是有正面的促进作用：

> 我认为和同事建立良好的人际关系是有好处的。这也要具体情况具体分析。在有些情况下，我和人们能建立非常好的工作关系，而无须了解他们，但和有些人则能成为挚友。我不是说这非常关键。我觉得同事情谊很重要，那些运作良好的院系里，同事之间常常关系融洽，而要关系融洽，就要在工作之外相互接触互动。我不觉得你非得和他们出去打上一两次保龄球，或者被迫表现得傻里傻气，以取悦他们。但是，我觉得，和能够结交的人建立最好的关系，是工作的一部分。

3.4 帮带和评估

美国出版的关于职业生涯发展的书中，往往整章整章不惜笔墨地阐述关于师傅帮带的话题，反映出这种情况在美国更为普遍的事实。我们必须把正式的帮带体系——新人和一个比较有经验的教员建立联系，希望后者给他/她提供非正式的支持或者建议——和新人发挥自己的能动性，选择与某个资深的同事建立非正式联系的情况区分开来。这些安排和博士生导师与学生之间的指导关系有所不同，虽然博导可能会在学生毕业之后继续充当非正式的帮带角色。

美国的一些研究认为一个人能从帮带关系中受益匪浅。Lucas 和 Murry（2002，p.24）报告说：

> 看起来，有些研究确认了这种想法，即当新人在第一年开始富有成果的职业生涯的时候，师傅的帮带是"关键的"。对最近情况的其他研究表明，在一个新人第一份工作的至少前三年内，有一个帮带自己的师傅，都是非常重要的。

正式的帮带安排的一个弊端是，它们会传递"一个负面信息，即学界新秀不可能依靠自己获得成功，他们没有能力发挥主观能动性，必须从老同事那里获取必要的建议和指导"（Lucas 和 Murry，2002，p.26）。最令人满意的帮带关系可能是这样的，即由其自然而然地发生，而不必第三方的介入。"真正发挥作用的帮带安排，必须是在工作中相互吸引，'自然地'或者自发地演进而成。最后他们的成功依赖于……对共同学科兴趣的一致看法"（Lucas 和 Murry，2002，p.25）。你大可不必正式地请求某人做你的师傅，和资深同事之间的关系可以通过这种方式发展到帮带关系（提供支持和现实的建议等），而不必使用一个正式的头衔。

对于我们的很多受访者来说，正式的帮带安排似乎不太明显；虽然他们似乎在 1992 年后大学工作得更好，这可能表明他们在这些大学里得到了更加系统的支持或者较大的优先权。

有一种情况下，即受访者发现师傅是一个恃强凌弱的人，此时的帮带关系起的是消极作用。Lucy 的经历是最积极的："我在这里有一个师傅，他一直非常好。我们见面不多，但是总能得到他的帮助；幸运的是今年和去年的系主任都难以置信地愿意帮忙，并且善于处理问题。"在很多情况下，帮带安排的缺乏并非是偶然事件，而是因为大学内部的权力关系不能提供有助于形成帮带关系的环境，除非师傅和新人认为双方智力相当，能平等相处。新人可能会担心师傅会把自己视为威胁，或者会在联合撰写论著时大占便宜，这样更有利于使师傅的事业再创辉煌，而不是使新人的事业有个良好的开端。而师傅这边，则会担忧自己显得屈尊俯就，或者和新人接触不够。随着大学体系和单个学科正在越来越快地发生变革，师傅们可能会感觉自己的技能和知识已经落后时代了。

有很多事情都取决于在系里的各种关系中占据优势的是协作还是竞争，这就使得在加入一个系之前尽量了解它显得非常重要。Ruth 非常强调竞争和"嫉妒——一个在某领域贡献了想法的年轻学者威胁了在系里时间已久但成果了了的同事的地位"。相反，有个年轻的讲师在谈论一个因其支持性的环境而声明远播的系时，评论说：

> 在×大学①这其实没有什么秘密，只不过该系非常明白维护和培养同事情谊和一些特定的职业价值（professional value）的重要性。也就是说，所有的教员（包括临时教员）都有同等的教学和行政管理负担。老教授们接受帮带和支持年轻教员的任务，没有人搭便车，大家既是同事，也是朋友。

不幸的是，很多系达不到这个标准，有些系在为新教员提供支持性的环境方面，简直可以用不正常这个词来形容。在这样的环境中，找到你自己的帮带师傅，或者从外系找到自己的帮带师傅，就尤其重要。与你地位相当的同事也许能提供较多的精神支持，但是资历更老的人则能够向你提供现实的事业建议，提供进步的机会，并且充当你的顾问。

所有大学都有正式的评估体系。正如 Blaxter、Hughes 和 Tight（1998，p. 202）所写道的：

> 定期的教员评估是由英国前保守党政府给高等教育体系制定的，作为政府同意支付奖金的一个条件。在此之前，很少大学或者学院具有正式的评估体系；现在，评估体系已经成为所有研究机构的品质保证程序的一个基本组成部分。

通过这种方式制定的程序，会蜕变成填写表格这样的形式主义行为。Craig 对此的看法和其他的受访者相似："他们真的只是例行公事，在该打钩的地方打钩，把该交的表格交上。"还有一种观点，认为这样做是以一种相当无

---

① 原文如此——译者注。

益的方式，对工作效果表现得无所不知、妄加论断。不过，评估制度对于顺利地完成试用期特别重要。在各个大学中，具体的评估制度各不相同，但常常都由一个资格较老的教员进行，他经过培训成为评估员。被评估者填写一个标准化的表格，评估员添加上评论。然后他们碰头对表格进行讨论，并就最终的评论达成一致，包括进行额外的培训或后勤工作的分值。我们的受访者中，那些接受过评估的人觉得他们从评估过程中有所收益，但不是很大。Zoe 已经记不清她一年多前接受评估时都发生过些什么了，她觉得"相当多的人把评估当作一个抱怨的过程"。不过，对于 Luke 来说，评估帮助他做出了事业中的一个重大决策：

> 我不知道评估对事业发展有多大用处，也许它对某些人有用。我发现它很有用。评估的文件变得越来越挑剔，但是总是有些事情可以说，可以坐下写出来。它有助于你弄清自己的位置，安排未来的发展，并且，你并不是经常能和系里资格较老的成员坐下来，就事业方面的事情进行广泛的、冷静的谈话，因此我发现这种评估相当有益。我第一次接受评估是在一所 1992 年后大学，它实际上暗示我在这所大学也许不可能得偿所愿。一所大学能够这样说是相当诚实的。这不是促成我做出（离开）决策的必要条件，但是它无疑促成了这一决策。

新人不必完全依赖于正式的大学体系制定的规定。不时地抽出一点时间，评估一下自己的进步情况，考虑一下自己个人和事业的发展，以及在达成目标的过程中取得的进步，可能是个好主意。你在某些领域进步的速度是不是比自己意愿的要慢？如果是这样，那么是怎么导致的？你需要学习新的技能，需要更加有效地利用你的时间吗？某一方面的研究活动现在是不是不像以前那么有前途了？你是否处在适宜的研究机构，适宜的系里？花点时间退后一步，系统地想一想自己是不是朝着正确的方向、以自己意愿的速度前进，是很重要的，虽然做起来很难。

另外重要的一点是，要记住，从你所处的研究机构之外，还可以得到为你提供支持的源泉。Lucy 写道："我们系里有一个非常好的工会代表，我发现工会的存在是有积极作用的。虽然我还没有因为任何事而求助于它，但我觉得它

是一个可以依赖的力量。"高等教育领域的两个不同的工会，即大学教师协会
（Association of University Teachers，AUT）和全国继续教育和高等教育教师协
会（National Association of Teachers in Further and Higher Education，NATFHE）
在 2006 年 7 月合并成为大学和学院联合工会（Universities and Colleges
Union），它拥有 68 000 名来自高教领域的成员。该工会尤其关注欺凌与骚扰
问题，不幸的是，这种事情在大学里并不鲜见。

3.5 欺凌和骚扰

在我们的女性受访者中，相当一部分提到了来自男同事的欺凌、骚扰或者
不尊重和令人厌恶的举动。Ann 评论说：

> 作为一个年轻女人，周围围着一堆正在经历中年危机（mid-life
> crisis）的男人，本身就会出问题。经常有男同事对我作出不尊重的
> 暗示或者过分的举动。他们知道怎么和男人打交道，但是对他们来
> 说，年轻女人本身就是一个诱惑。

虽然这类问题在其他部门，比如金融服务部门里要更加普遍一些，但是在
大学生活中也不鲜见。Blaxter、Hughes 和 Tight（1998，p. 188）说："你可能
越来越感到……你的上司或者同事在欺凌你。"有一个调查发现，人们认为
RAE 给大学管理者带来了越来越大的压力，这可能会导致攻击性的行为，而
这种行为会一直向下传导到系里。在对调查作出了回复的大学教员中，有十分
之一的人认为 RAE 和学术场所的欺凌行为直接相关（《泰晤士报·高等教育
副刊》，2005 年 10 月 21 日）。Goldsmith、Komlos 和 Gold（2001，p. 251）写
了一个美国人 Penny Gold 的观点：

> 在那些从事学术事业的女性看来，在学术界，性关系这个禁地显
> 得有所不同……实际上，我认识的所有女学者在还是学生的时候，都
> 经历过来自教授的言语上的或者行为上的引诱，这种情况一直会持续
> 到她的教学生涯中，成为导致各个老资格男教员和年轻女教员之间的
> 关系各不相同的一个因素。

虽然欺凌事件的产生，常常有性别原因，但是它更经常地是来自对权力的
滥用，或者只是因为欺凌者过于相信经验的益处以及倚老卖老，而不是来自任

何性的动机（sexual motive）。正如健康和安全委员会（Health and Safety Executive）在它的指引中写道的，在工作场合，欺凌是不好的，但它只是人际关系问题中的一个极端的例子。

如果及时采取措施，那么很多问题都可以消灭在萌芽之中。Lucy 回忆说：

> 去年，我和一个老同事关系有点紧张，当时我对自己教的课程有不同的想法，他充分支持我（我不太确定）。我们之间发生了一些欺凌行为。系里对此非常关注，和这个老教员谈了话，他向我道了歉，这件事很快就解决了。系主任在这段时间的表现很棒，对这件事非常关注。

Ruth 对她的经历的看法则是比较负面的：

> 有大概两到两年半的时间，我一直受到系里一个老资格的男同事的骚扰和欺辱……最后达成了解决方案，其中说"我没有对这个女人采取正确的举动……"这个解决方案让人感到不快。学校不想考虑我的看法——他们选择对此视而不见。

Ruth 后悔自己没有早点对这种骚扰采取特别行动，结果浪费了两年，并且对自己的心理和健康造成了负面的影响。能够把问题消灭在萌芽之中的方法有很多，但并不是说这些方法都容易采用。虽然人们总是说大学是个共同体，要相互协作，但是大学也是个阶层分明的机构。系主任不得不倾听原被告双方的倾诉，并根据双方对同一件事情的不同辩解作出判断。正式的程序可能缓慢而繁琐，可能会严重损耗原告的信心和幸福。在这种情况下，在其他机构拥有一个帮带师傅，具有无法估量的价值，而工会则可以提供有关的帮助。你可以去查看健康和安全委员会的指引，它涵盖了很多人际关系问题（http://www.hse.gov.uk/stress/index.htm）。如果你准备进行正式的诉讼，那么就要小心地按时间先后记录下有关的事项，以及所有文件的副本。我们衷心地希望你不会遇到这样的问题，但是最好对这种不测事件保持警惕。

3.6 结语

大学给其教员施加的成功的外部标准，可能意味着他们能够直面矛盾，以及那些常常似乎是无法解决的对他们的时间上的要求。正如 Ruth 所写的：

我自己和其他人其实一直在努力完成全部四项任务——研究、教学、行政管理和专业服务。我们没有足够的时间来完成全部这四项任务，这就出现了延长工作时间的问题……另外一个问题就是 RAE，它促使我们不得不多出成果，艰难地完成工作，这首先减少了工作时的乐趣，只剩下一种我只是在以非常快的速度完成工作的感觉。

正如 Amy 评论的，"我一直在想，我要告诉自己的孩子不要去做学问，或者至少告诉他：即使你想当一个学者，也不能对它太痴情"。

如果你能够尽量坚持你对最先吸引你步入学术生涯的知识和社会价值观的信念，那么你的正直和幸福感将会得到提升。如果你对自己坚持的价值观感到满意，那么你将能够更容易地实现功利性的事业目标。虽然在学术生涯中遭遇到了各种各样的困难，但是我们的受访者并不后悔选择这条路。正如 Maria 所说的："我从这份工作中得到了乐趣，虽然它充满了挑战，非常具有挑战性，但是它让我有成就感。"

在随后的几章里，我们将讨论如何才能在学术生涯的两个主要组成部分——教学工作和研究中取得成功。正如我们在本章开头所强调的，成功并没有固定的模式。每个人的价值观和看重的东西各不相同，不同的人对成功的定义可能相去甚远。不过，正如 Lauren 指出的：在工作中应当注重质量而不是数量。她评论说："如果你工作优秀，那么你将功成名就。过于贪多并不能掩饰工作上的不足。"

第4章

富有成效的教学

每个学者都希望能在大学层面从事教学工作。即便是工资最高的教授，也希望能讲授课程，不管这份责任是多么渺小。给你分配的教学负担会因时而异，并依赖于你的职业路径，以及你工作的研究机构的环境。在过去10年左右，质量监控员（quality audit）多少引导着我们现在考虑教学工作的方式，以及衡量教学效果的手段，大学教学工作已经发生了很大变化。现在，我们不得不更多地证明自己的教学质量高。院系、大学以及外部的基金会、高等教育的管理机构会对我们作出评判。不管是对于新人们，还是对于资历较老的学者们来说，这都给这个职业带来了新的压力和紧张情绪。不过，对于新人来说，它带来的压力可能更大一些，因为他们可能对自己能否当好老师还不像老教员那么肯定。

本章讨论关于高校教学工作的一些关键问题。第一节讨论大学教学的工作方式的主要影响因素。第二节关注我们据以判断教学工作效果的标准，随后讨论正式的培训对新人是否有益。最后就如何从大学教师的角色中得到乐趣提供了一些观点。不过，虽然本章讨论了有关大学教学工作的一些常见问题，但目的并不是要提供一个关于教学技巧的详细指南——单单对这个问题就能写上一章或者一部书了。在本章结尾，就进一步的阅读、意见和支持性证据，列出了一些建议。

4.1 学习环境

任何教员，尤其是新人的教学方法首先受到了所在机构的环境的影响。正如在第2章讨论过的，英国各大学的定位和关注重点有着明显的、微妙的差异。你会发现，与那些以教学为导向的大学相比，在以科研为导向的大学里，你的教学负担与合同中规定的工作小时相比并不太高。不管你任教的大学是什么类型的，你可能都会发现自己既要给本科生上课，又要给研究生上课，或者主要给或完全只给本科生或研究生上课。还可能会要求你参加合作教学（team-teach），换句话说，就是和同事一起讲授一门课程或者一个模块，其中一个人负责整个模块的管理，另外若干个讲师每人讲授特定的部分。与合作教学略有不同且不太常用的方式是由两个（或更多）同事在一个模块的教学工作中相互协作，并一同在教室中出现。

在你职业生涯的早期阶段，特别是在你的第一个工作中，你教什么课要受系里的指派。你可能被分派去讲授特定的课程或模块，这些可能反映了你的研究兴趣，或者可能被分派去讲给低年级本科生开设的比较宽泛的基础课。在职业生涯的早期阶段，关于你讲授什么课程，几乎没有商讨的余地；在申请工作的时候，以及/或者在面试阶段，你心里应该很清楚自己是否能够或者愿意讲授某一门特定的课程。自己要求或者被要求讲授一门与自己的兴趣和技能相关的本科核心课程，可能要你额外付出非常多的心血来撰写讲义、就一项你原本不必跟踪的话题策划讨论课。重要的是，在不得不应付这些情况的同时，你还得注意这么做将招致的额外工作。根据系里开设的课程，可能有很大的余地建议引入新的课程或模块（即便在开始新工作之前你都可以这么做，在你工作生涯的最初几年，当然也可以这么做）。你可能觉得现有的课程之间有一块很大的空白，而你可以填补这项空白。努力讲授与你的兴趣有关的课程，往往是个好主意。虽然这么做的可能性并不总是存在，但是如果系里的环境允许，就值得争取一下。和一群学生一起探索你感兴趣的领域，对你自己和学生都有好处；你会更加深入地了解这个课题，这一点似乎是显而易见的。不过，话说回来，学者们的确发现，通过讲授自己不太感兴趣的课程或者模块会有所收益，因为此时他们（以及学生）是在探索一个"新"的课题，因此在认真讨论特定的问题时，可能会有更多的热情。

科研导向型教学

目前，人们非常强调在大学进行科研导向型教学（research-led teaching）。在大学里面，科研导向型教学其实并不新鲜。不过，它其实有两重含义。传统上，学者们用科研导向型教学来指以研究为基础的或者通过研究获取知识的教学，因此，学者们讲授自己专业研究领域的东西，并和学生们一起分享从研究中获得的成果。这种科研导向型教学通常集中于研究生阶段，有些则集中在本科生的中后期。科研导向型教学的第二层含义目前正在大学里"流行"，指的是学者们积极地引导本科生在特定的教学模块中进行研究。它强调的重点是本科生，因为它假定研究生将在自己的课程学习中从事一些研究。

过去，这种"行动研究（action research）"的重点是本科生的毕业论文。不过，并非所有大学都要求学生写毕业论文，学校的课程给学生（尤其是学期制学校的学生）带来的压力，使学生并不总能够写毕业论文。目前，这种科研导向型教学，从学生就指导老师在某个教学模块中指定的课题进行浅显的研究，到学生独立进行课外设计（学生为此获得资助），有很多种形式。在美国，这种科研导向型教学一般被称为探究性学习（inquiry-based learning）或者本科生研究，并且比英国和欧洲大陆更为常见。科研导向型教学的优势是本丛书中的另一本书（Brew，2006）关注的重点，它为不同种类的科研导向型教学提供了详细的例子。

随着英国的大学再次向潜在的学生强调学者和学生的科研活动的中枢地位，这种科研导向型的教学正在变得越来越普遍。它既给大学招生带来了压力——"科研"被视为吸引潜在的学生的积极因素，还强调对学生能力的培养。人们认为，这种科研导向型教学不仅提高了学生的学习能力——既包括研究能力，也包括独立学习的能力，还使学生更好地强化了这些价值观和提高了相关的主要技能。鼓励对本科生进行科研导向型教学的趋势，还表明了大学正在承受越来越大的压力，特别是来自像经济与社会研究会（ESRC）这样的研究生资助机构的压力，它们要求大学在基本的研究方法课程或模块之外，向那些准备进一步深造的本科生传授更高级的研究技能。

4.2 合同与学生

根据大学教师协会（AUT）最近的一份调查，在全部学者之中，有 20%签订了只从事教学的合同（teaching-only contract）。在 2003 年到 2004 年，有 29 000 名学者签订了只进行教学的合同，相比之下，2002 年到 2003 年是

15 000人。这些合同中，有2/3是固定期限的合同，80%是兼职工作，25%只在大学开学期间工作（《泰晤士报·高等教育副刊》，2005年6月24日）。这不仅意味着学术界雇佣关系的本质在日益变化，还意味着RAE带来的压力正在迫使大学提供只从事教学的合同，并由新人来充任这些职位。它还削弱了教学和科研之间的联系，与目前强调科研型教学的趋势背道而驰。这样一来，很显然，你讲授的课程将由你所签订的合同来决定，在你感兴趣的领域从事教学活动的空间，可能受制于你的合同期限，或者该大学的定位。

影响学者们的教学方式的其他因素和学生有关。就教学而言，不同类型的学生有不同的需要。在招生方面，每个大学都有自己的路数。就本科生而言，学生录取是由入学资格决定的，要求学生在必修课上取得一定的成绩。有些大学对留学生更有吸引力，或者会公开从海外招生。还有些机构积极地招录大龄学生（mature student）来读本科学位。各个大学对研究生录取资格的要求也各不相同，但是不像本科生录取资格差异那么大。另外，硕士学位可能更强调从海外招生。

学生的背景

因而，你的教学方法必须考虑到学生的组成结构，你需要弄清学生的学术背景。要想使他们在大学中学到东西，就要鼓励他们，但是如果你把教学要求定得过于宏伟，结果连班上的学生都跟不上，那就没有什么意义了。这会使学生感到沮丧，并对他们在评估和考试中的表现起到连锁反应。然后系里就会向你提出问题，是不是全体学生都注定没有"努力"。这也会使教师感到很沮丧。Zoe觉得她从教师的工作中得到的乐趣受到了学生的类型的影响，认为自己不得不和"低素质的学生"打交道，并且"你会觉得花时间教他们中的某些人根本不值得"。因而，弄清楚你的学生的能力和潜力，并且在这种情况下工作，是很重要的。在教学方法上，不应该遵照最低的要求，但是可能需要逐渐提高要求，培养学生严谨思考的能力和学识。

近些天里，在教室中间流传着一些关于留学生的语言能力以及由其引出的师生交流困难的趣闻轶事。虽然每所大学的入学资格中都规定了严格的语言熟练程度要求，但是这个问题还是一直存在。正常情况下，系里或者大学的管理中枢拥有各种各样的支持机制供学生使用，对于这些学生可资利用的支持机制，你也应该加以熟悉，以便能够为学生指点迷津。另外，还需要考虑到文化差异。就学生在讨论课上参与讨论而言，有的文化不像另一些文化那么拘谨。一个学生为一个话题绞尽脑汁，可能并不仅仅是因为他/她在班上比较安静，作为老师，你应该注意到这些。这是一个非常敏感的问题，因为学生要求我们具备的，或者说学生希望我们教授他们的能力之一，就是要求他们能够积极参与。因此，你需要找到解决这一问题的恰当方法，并且，你可能还需要去大学的后勤服务部门寻求建议。

大龄学生的需求也有所不同。他们常常充满激情地来到学校，希望能学到一技之长，但是对自己的能力又缺乏信心。经常能够听到资深讲师（established lecturers）赞扬大龄学生表现如何优异，但是他们需要积极地鼓励，在大学学习的早期阶段还需要"手把手"地教一点。Craig 谈起他曾经教过一个来自非传统的少数民族背景的学生，并对其感到满意，该生最初虽然投入了极大的努力，仍然举步维艰，但是最后取得了二等上①的成绩，获得了文学硕士（MA）入学资格。另外，即使你不同情学生面临的处境，也需要知道他们的处境。为了赚取学费，学生们不得不寻找打工的机会，有时候很难两者兼顾。虽然学生首先应该考虑的是学习而不是工作，但是遗憾的是，现实并非总是如此，作为讲师，即使没有道德义务，也有职业责任保证他们在学习上不落后。

这些结构性的因素影响着你的教学内容、教学对象，自然也会影响到你的教学方法。要照顾到所有这些问题，你要考虑的因素就是一锅大杂烩。在了解学生的能力和潜力，以及处理有关学生学习方法的特定问题时，需要与你自己对什么组成了有效的教学和学习的想法及标准结合在一起进行。随着你的教学经验的积累，这会变得越来越容易，但是对于新人来说，这通常是个试错的过程。重要的是，在你教学生涯的早期阶段，要从同事或者更广泛的、整个大学范围内的尽心尽力的教员那里寻求建议。现在，新人们都要参加专门的教学岗位培训课程（postgraduate training course），在这一课程中会讨论很多问题，并且提供一些可能的策略（关于教学培训的更多内容，参见下文）。

---

① 英国一些大学把本科生的成绩分为四等，分别是第一等（first level）、二等上（upper second level）、二等下（lower second level）和第三等（third level）——译者注。

4.3 和学生之间的工作关系

对于新人来说，教学方面的主要困难之一，是如何应对因为自己和学生年龄上相对接近（与大龄学生相比也许还年轻一些）而带来的脆弱感（sense of vulnerability），对此 Lauren 强调说：

> 我觉得不少新人，特别是那些很年轻的新人，有一种倾向，即通过一种有点傲慢的方式试图把自己和学生分开。想树立自己的威信是完全值得称赞的尝试，但是它其实并不必要，学生们对此反应也不好。学生们非常明白你很年轻，这是你的第一份工作，不管你怎么做，都掩盖不了这一点。你必须知道自己在讲什么，并且要展示出你明白自己在讲什么。我觉得有不少人有意无意地想以一种未必有用的方式树立威信。

在你和学生的关系中寻求最佳平衡是一种计谋。你必须不借助傲慢、（也许还有）疏远学生就能获得威信和尊重。你需要注意自己的形象、说话的腔调，也许甚至还有穿着打扮。也不应该装腔作势，因为显然不是那么回事儿。不过，Lucy 对新人的建议是："不要和学生过于友好，因为我在这里发现一些问题，在这里很难对年轻教员说要和学生保持距离，我不确定那种关系是不是真的合适。"对于女性学者来说，要找到这种平衡也许更为困难，因为女性更加容易被以貌取人。与学生过于友好会引起问题，在教学生涯的早期阶段就和学生们一起出去喝上几杯，当然是不可取的。随着时间的推移，你的教学方式会以一种合适的方式改进，并且对你和学生都有效果。再次重申，如果你相信自己正在经受的困难是由于自己相对太"年轻"了，那么可以向其他人寻求建议。

4.4 应对你的教学负担

就你的教学活动的实际管理而言，对一个新人来说，最大的困难之一是应对你的教学负担。虽然你会事先清晰地计划好和学生接触的时间，但是你还需要考虑准备和策划教学活动、在坐班时间（office time）和学生打交道以及越来越多地通过电子邮件对学生作出回答等事情。你还必须决定你的教学工作中有多大的部分应该在信息技术（IT）平台的支持下完成。在教学生涯的早期阶段，准备讲义和策划讨论课会占用相当多的时间。你可能需要撰写崭新的讲义，并且应该反思并回顾自己的教学技术——在讨论课上尤其如此——并据以调整你的教学方法。

正如第3章曾经讨论过的，备课过于充分会带来内在的问题。如果要重新撰写讲义，就会花去你一整天的时间。在我们为了撰写本书而采访的那些人中，绝大多数都为此吃尽了苦头。一个计策是，为自己设定一个时间限制，比如三到四个小时，来撰写讲义，并坚持照此行事。通过这一办法，你不仅可以"抑制雄心壮志"，而且不会因为备课而耽误其他活动和事务。一些学者在新学年开始之前就预先写好了全部讲义，策划好了讨论课，这样在上课时只要拿出讲义即可。另一些人喜欢在一周里专门拿出一天来备课。还有人喜欢在上课之前的晚上备课，以便次日依然清楚地记着讲课内容。显然，这是个人偏好问题，只要找出最适合自己的方式即可。随着时间的推移，随着你建立起由资料、讲义框架、讨论话题组成的，可以修改并采用的数据库，备课就变得越来越容易。不过，最初的几年可能很难熬，如果你每年讲授的课程或模块都不一样，那就更是如此。雪上加霜的是，你还需要花时间批改论文、组织考试、给论文写评语、与学生讨论论文。学生们越来越希望得到更多的评语，因此必须把这一点考虑到你的工作计划中去。

另外，你还需要仔细地计划好和学生接触的时间。有些学生希望你随时都有时间。这并不总是可能的，你应该就自己和学生接触的时间制订一个清晰的计划。你可能希望学生在你特定的坐班时间找你，或者来者不拒，随访随谈。你可以积极鼓励学生们通过电子邮件与你交流，或者你认为最好是与学生面对面交流，当他们想与你探讨特定的问题时，劝他们不用电子邮件。这仍旧是一个个人偏好问题，但是你必须保证有个清晰的安排，否则你将整日（整夜）疲于应付学生的询问。

1）使用IT技术

关于学习环境，这里要讨论的最后一个问题是关于使用IT技术作为教学手段，而不只是通过电子邮件和学生交流。现在，有各种各样的专门教育平台，使你可以建立讨论区、博客，把互动式讲义贴在某个网址上，并允许学生在网上写出形成性评论和总结性评论（formative and summative assessments）。作为学习的辅助手段，所有这些都是非常有价值的。本章谈到 IT 技术的目的只是为了简单地提个醒。第一，应该弄清楚你所在的大学提供 IT 技术的能力，使自己具备所需要的 IT 工具。第二，使用 IT 技术将加重你的工作负担，除非你非常喜欢使用这些资源来辅助你的工作。你必须决定是否使用这些资源，如果是的话，那么将在多大程度上使用它们，以及你是不是准备要求学生也使用它们。否则，不管在现实中还是在虚拟环境中，你的教学和学生的负担都会加重。

2）课堂组织：讲课

具体如何教学生是一个个人问题。你必须尝试组织教学和讨论课的不同方法，确定哪一种对你和学生们最为有效。正如前文所讨论过的，你的教学方式取决于学生的类型以及在课堂上讲授的特定问题。不过，关于讲课，大多数学者都意识到并经历过一些共同的问题，尤其是在职业生涯的早期阶段。Ruth 认为：

> 学生希望在课堂上感到快乐，而我自己则当然希望他们能够认真听课，两者之间总是存在矛盾。例如，我曾经问过学生他们希望课堂上学到什么——至少有一半人说他们想得到乐趣。所以，我想应该在讲授课程内容和吸引他们注意力之间找到一个平衡。

有些学者采取了一种深思熟虑的策略，即"逗乐"。虽然与学生对上课的兴趣相比，这非常吸引他们的注意力，但是如果你不善于讲故事，这个办法就不可取。当然，我们都喜欢听到轻松愉快的故事，但是需要讲得好才行。另外，有些学生会对这种方法感到厌倦，开始质疑他们在这一节课是不是真的学到了什么东西。

讲课过程中的最大困难之一，是为一次课准备的内容材料既不过多，也不过少。如果你对一个课题烂熟于胸，就往往难以确定学生们需要多少信息和分析。教师很容易错误地判断学生需要哪些信息，在简化教学内容和过于简化讲义内容之间，只有微妙的差异。重要的是，在决定一次课讲授多少内容方面，不能过于贪心。正如 Ruth 所说的："我经常准备得过多，学生们说我试图在一个单元、甚至一节课中讲授太多内容。"在教学生涯的早期阶段，你自然地会倾向于准备得过多。你也许需要从无到有地撰写讲义，这时经常会试图把一个课题的很多方面都涵盖进去。因此，问一下自己："关于这个课题，我应该讨论的要点是哪些?"然后仅仅根据这些要点编写讲义，不失为一个好主意。

讲课中的另一个挑战是，要找到一个机制发动学生在课堂上思考，而不是被动地学习——一直在忙忙碌碌地记笔记，却并没有参与到你所讨论的内容中去。要使学生考虑你在课堂上提出的问题，一个有用的办法是，随着课程的进行，明确地向他们指出你所讲授的事实性知识（factual knowledge）与分析学观点和解释学观点（analytical and interpretative perspectives）的差异所在。如果你指出了这些差异，学生们会慢慢习惯于你讲义中的这些细微差别，并且更加批判地参与到讲课内容中来。虽然你可能认为一节课应该有个标准的模式，但你也会发现，打断讲课，让学生们就特定的问题进行一些简短的讨论，不仅有助于他们学习更加主动，而且还有助于他们集中注意力。学生们对讲课的参与，取决于教室的大小和布局，以及声学效果；虽然提问学生是一个有用的技巧，但是如果没人能听得见，就没有什么意义。

使学生保持注意力集中是一个棘手的问题；通过每次上课都改变教学方法，可以避免学生预测到你要做什么，并帮助你吸引学生的注意力。对老师来说，看到一群学生开始在下面窃窃私语，交头接耳，或者把笔记传来传去，或者传小纸条，可能会非常不快。你可能会选择对此视而不见，但是有些学者觉得，更有效的方法是停止讲课，并要求他们说说自己都在聊些什么（这可能使他们感到尴尬，未来不敢再犯），或者干脆对全班说你不打算再继续讲了，除非全班都集中注意力。你应该避免出手太重（不管怎么说，他们毕竟都是年轻人），但是可能有必要提醒他们那些行为是不恰当的。

大多数教育研究认为，在任何学习环境中，视觉因素都有助于学生学习，大多数学者也认可这种观点。使用可视化教具——幻灯片演示、投影仪、散页讲义、白板/黑板、因特网来说明一个要点，可以在改进教学中起到重要的作用，还有助于学生保持注意力。不过，从视觉上提高对课堂中一个要点的解释和偏离这个要点之间，也只有微妙的差异，但是你可以很快就确定应该在多大程度上使用可视化教具，因为从学生的反应上很容易看出这个要点是不是已经解释清楚了。重要的一点是，不要在幻灯片和投影胶片上放入过多的信息，给学生增加过大的负担——只要放上简明的要点和简介即可，你可以口头上对它们进行详细的解释。否则，学生们就会忙着要把所有东西记下来，而不会认真听讲，因此也不会参与到讨论的话题中去，虽然在课前把这些幻灯片和投影胶片放在教学模块的网页上有助于他们预习。

讲课中最显然的一点是要让学生听到，你必须确定自己的声音是否能被听见。教师通常不会想到去核实一下自己是不是能被听到，学生则往往很勉强地不愿意叫老师大声一点，这种事情太常见了。你不仅需要学习在不吼叫的情况下把声音发出去，还应该考虑到你所上课的每间教室里的声学效果。

3）课堂组织：讨论课

讨论教学给教师带来了不同的挑战，其中主要的一个挑战就是如何鼓励学生参与讨论。这件事可能非常伤脑筋，对新教师来说尤其如此。在一个讨论小组里，总是有些学生比别人勉强，不愿意参加全体讨论；在一个小组里，也总是有一两个学生倾向于操控整个讨论。你不得不设法鼓励每个人都参与讨论，因为这是他们学习经历的一个核心。比较安静的学生常常有一种依赖比较善于争论的同学的倾向，如果某个小组特别安静，你就可能需要走过去，鼓动比较愿意讨论的学生，以便打破沉默。

在讨论课上，可以采用一些简单易行的办法。为了构建一个有益的学习环境，一个有效的方法是让学生们感到他们是一个小组，在整个学期或者学年内都在一个小组里，因此应该把自己看作一个团队，从而建立起团队协作的精神。这样能够构建一种比较积极的环境，还能鼓励学生们相互负责，并对讲师负责。除此之外，在学年的一开始，就与小组定下对未来学习的期望，也是一个好主意。你可以询问学生们他们希望从讨论课上学到哪些东西，然后概括出你的期望，并达成一种学习契约。有些关于教学的文献确确实实推荐老师基于这种讨论起草一纸书面的学习契约，并由师生双方签字画押。如果学生不参与讨论或者旷课成为家常便饭，你就可以寄出这纸契约，提醒学生他/她应尽的义务。对有些人来说，这样做似乎有点极端，但其基本原理是有价值的。通过在一开学就向学生讲清楚你希望他们准备、出席和参与每一次、每一场讨论课，可以在未来的讨论教学中避免出现问题。

为了使讨论课更加有益于学生们的学习，你应该考虑在每次讨论课都变换活动的方式。虽然全体讨论可以起到重要的作用，并能培养学生的交流能力，但是如果把它改成小组讨论，则对学生（和你自己）都极有价值。小组协作可以采取各种各样的形式——你可以给每个小组分配相同的任务或者不同的任务，你可以把学生们两两配对，然后再合并成更大的小组，或者你可以把全班只分成两组（关于讨论教学的更多建议，请参见下文的"进一步阅读"）。不管你选择如何组织群体工作，都有两个要点。第一，你需要给学生提供活动指导。不过，有时候活动的一部分是要求学生对如何完成一项任务作出批判性的判断，因此你可能不愿意规定得太多。第二，你需要高效地规划好汇报的过程。所有学生都盼望有机会陈述自己的结论，但是如果有四五个小组要汇报的话，就会发生重复，其他学生则往往会分散注意力。为了避免这种情况，你可以叫学生们把小组的结论总结成投影资料，并且只陈述要点，避免重复。另外，你可以在教室里到处走动，叫每个小组向你汇报，并且自己来口头总结他们对特定任务的看法。

在讨论教学中，最后一个常见的问题——虽然讲课时也会遇到——是如何提问。一般认为开放式的问题（open-ended questions）① 更有利于激发讨论，而封闭式问题（closed questions）本质上则会抑制大家争论。不过，如果问题过于"开放"，那么学生就会误解或者误读你提问的内容，或者可能完全不理解。你必须——也许要通过试错——保证你所问的问题定位准确。

在教学中，你可以使用各种各样的技巧（参见"进一步阅读"），并且在岗位教学培训（postgraduate training in teaching）中，你可能已经学过这些。你不仅应当尝试不同的教学方式，找出最适合你的方式，还应当尝试在一节课之内以及两节课之间变换教学技巧。有的学者声称自己坚持一种教学方式，因为它最适合自己，这完全可以理解。不过，也有证据显示，如果让学生接触到不同的教学技巧，那么他们会从学习中受益更多。详细地安排讨论课，常常是个好主意，并且通过这样做，你可以把过去起到过作用的技巧汇集起来，从而成为一个在未来的讨论计划中可资参考的资源。并且，良好的讨论计划还有助于避免学生不参与的问题，因为，如果不是必须全体一起讨论的话，那么你可

---

① 指没有确定答案的问题——译者注。

以让所有学生都加入到以小组为单位的讨论活动中。不过，为了实现你的计划，你还需要一定的灵活性，以便能有效地处理预料之外的情况。例如，你可能会发现有一个星期你的讨论小组参与得很勉强，因此你在计划下一个星期的讨论课时，就要使用不同的技巧来鼓励士气。如果在下一次课，在最初的几分钟，学生们在有关话题上有很多话要说，你就需要调整自己的计划，以便不阻碍他们参与讨论。

评估自己的教学效果是非常重要的。正如在本章中所说的，你的教学如何演进是一个试错的过程。坐下来细细考虑在某一节课上你的教学目的是什么，为什么选择这种教学方式，然后反思一下为什么某些方式可以奏效，其他一些则不那么好，这是帮你成为一个高效的教师的重要因素。

4.5 教学标准

过去，你要把脸皮变得非常厚，才能把进展不顺利的讨论课继续下去，不去反思为什么学生不愿意讨论那些话题，或者回答你的问题。即使你脸皮厚得像大象，但你的教学方法中可能却一直存在着问题，对此你不能视而不见。评判你的教学效果有多好，是多层次的。在当前有内部和外部质量监控员对教学质量进行监控的情况下，我们不得不证明并且确保自己在教学中已经尽量地提高成效。一个颇有争议的说法是，你的教学标准的最好评判者就是你自己。你清楚地知道自己在一节课中做了些什么，你了解学生的能力和水平，并且你了解大局，即特定的一节课在整个模块或整门课程中的位置。通过反思自己的实践，你就能对自己的教学标准作出深思熟虑的评判，在必要时，也许还可以调整自己的教学实践。

不过，作为一个讲师，你不是自己教学效果的唯一评判者。学生们可能是你教学效果最严厉的批评者。学生们期望一定的教学标准，如果他们觉得你没有达到标准，就会加以抱怨。他们很少私下告诉你，而是向系主任打报告。大多数大学都要求学生对他们的模块填写一份年终评估。如果他们觉得讲师们的教学效果没有达到他们的标准，那么他们就会给上一个差评。这些评价一般由系主任或者系里的教学质量委员会过目。你通常会在这个时刻为自己的教学质量加以辩护——声称有些学生可能有些问题。不过，学生们评判老师时，依据的可能不是他/她的教学能力，而是老师是不是逗乐了他们；如果老师让他们的论文得了低分，或者，更重要的是，他们对该模块的教学目的和目标有误解，就有可能导致他们给老师作出差评。通常非常难以弄清楚这到底是因为讲师的教学方法存在内在的缺陷，还是只是因为双方存在人格上的冲突。正如上文所说的，只有你自己知道真相，并且你会发现，要应对你认为的不公正的批评，是非常困难的。

目前，大学的院系里普遍建立起了自己的帮带计划。有时候这包括对教学的支持。另外，系里可能建立起"伙伴"型的教学体系，把同事们两两配对，相互观摩教学。对于新人来说，让一个陌生的同事来到教室观摩你的一举一动，可能会令人相当气馁。不过，如果组织有方，即确保把那些在职业生涯中大致处于相同阶段的同事安排在一起，则这种观摩教学会成为了解你自己的教学情况的一个有效机制。总体上看，我们的受访者都对这种观摩教学的实践持正面看法，认为这是一种交流观点、相互学习的有益方式。观摩教学也是教学岗位培训课程中的重要一部分，参见下文。

我们大家都有很奇怪的一点——教导一群学生的时候我们感到很高兴，向行业同仁们分发会议论文的时候我们从容不迫，但是当有一个同事在观摩的时候，却会使我们感到精神紧张、局促不安。这也许是因为观摩教学会造成一种不真实的环境——教室里多了一个人——并且你和学生们都知道这一点。第一次被观摩的时候，是你表现最差的时候，但是随后再被观摩就不那么紧张了。从同事那里得到的关于自己教学方法的建设性的反馈，是非常具有价值的，观摩教学则是向你自己保证教学效果的一个有益手段。

教学质量的外部监控

每所大学都有自己的治理结构，以确保教学达到一定的学术水准。有些大学轮流对各个院系进行考察，要求他们提交文件，来证明自己的教学质量。随着高等教育的改革，引进了高等教育质量保证局（Quality Assurance Agency，QAA）制定的、评估高校教学质量的新方法。这一方法采用学科评估的方式（subject review），每个大学院系都要接受监控。各院系必须就自己的教学质量提交自我评估报告（self-assessment document，SAD），并用大量的资料来支持自己的看法，因此这一方法要求撰写很多文件。过去，QAA 的质量监控不仅要求院系用教学情况和学生反馈来证明教学质量，而且要求用课程价值、对学生的支持以及学生可以得到的学习资源等来证明。随着一群其他大学的、该学科的同仁们前来展开长达一周的考察活动，观摩教学、与学生谈话以及根据一定标准为教学质量评级，这种文件整理工作也达到顶峰。

后来，QAA 意识到学科评估方式存在资源紧张的特点，因此改为采用一种"比较简洁"的方式，对那些要进行评估的大学，指定一些特定的系提供关于教学质量的证明。虽然这一评估体系还会改进，但是外部质量监控还会保留。在这种情况下，保存好与你的教学、支持学生学习有关的所有电子和纸质记录，是可取的。即便没有严格的外部监控，可能有一天学校也会对你所在的院系的教学质量进行一次内部评估。除此之外，在你以后的学术生涯中，在职称晋升申请中，可能也会要求你必须提供有关教学质量的证明。

4.6 被"培训"成为一名讲师

20 世纪 90 年代早期之前，对高等教育的教学进行正式培训的机会和要求相对很少。这个行业的新人们只是依赖于自己上大学时的记忆，回忆在讨论课或者讲堂上，哪些方法是有效果的，哪些是没有效果的。在完成博士学位期间，他们可能会有一点组织讨论教学的经验，并从导师那里学到过一点教学的策略，但是，这些取决于该系自己的博士培养方式。一旦他们被聘任为讲师，他们就有可能参加学校的教员发展培训，但也仅此而已。

在 20 世纪 90 年代，随着岗位教学资格认证（postgraduate-style teaching qualification）的引入，高校教学经历了一次"革命"。这首先是为了应对政府日益要求大学证明教学质量的压力。最初，岗位培训课程是自愿参加的，新人们可以参加一些正式的教学培训，但是这很快就变成了大多数大学的新人必修课。高等教育学会（Higher Education Academy）——前身是学习和教育研究所（Institute of Learning and Teaching）——一直在寻求建立教学和学习的行业标准，而不仅仅是对岗位培训课程作出指导。年轻的学者们可能愿意考虑一下让这种机构来给自己做个认证是否值得（www. heacademy. ac. uk）。向新人引入岗位教学培训资格证书（虽然不限于新人），首先就反映了外部监控的压力，另外还反映了这样一种观念，即会研究不等于会教学。能够通过撰写论著、向行业同仁们提交会议论文来交流你的思想和研究，并不意味着你在面对学生时也能进行成功的交流。人们认为，为了避免一些不好的状况，应该（尤其是对新人）进行一些培训。正如 Luke 所说的：

> 我认为，这种教学资格证书这么普遍的一个原因，就是要纠正这样一个观念，即有些才智是天生具备并且代代遗传的。很多人都是这么想的。

讲师的岗位教学培训课程一般是由各大学的教员发展部和/或教育部门组织实施的，把集体学习和独立学习相结合，常常持续一年之久。正常情况下，这些课程既有理论，又有实践。一般要求受训者熟悉一些关于高等教育的学术文献，涉及学习理论、教学方法和风格以及参与观摩教学（这是为了使年轻的讲师能够获得对自己教学风格和方法的反馈，也许还要观摩别人）。理论和实践这两部分的平衡，取决于所在大学的培训方式，但是一般都会二者兼顾。

本书的大多数受访者都参加过岗位教学培训课程，他们中的大部分人认为，这种教学培训的一个好处是可以认识来自整个大学的同事；鉴于学者们通常主要在自己的院系工作，和自己所在学科之外的同事们很少打交道，因此不参加培训也许就遇不到那些同事。这种培训的另外一个好处是，可以学到新的教学技巧，并和那些在讲堂上或讨论课上遇到相同问题的同事们交流心得。这常常会增强你的自信心，因为你会发现并不仅是你一个人遇到了这样的困难。Luke 认为，教学资格证的价值在于，它提到了这样一个事实，即学生的学习方法各不相同，并且"学生的学习计划和我们提供给他们的大相径庭，并且，从很多方面来说，所谓成功，就是要找出协调师生双方学习计划的渠道"。Ruth 则不无挖苦地评论她所参加的岗位培训课程：

> 我从教学培训中得到的好处是，我意识到教学的另一面是怎么回事，并且再次经历了真正差劲的教学是怎么回事。它使我对我的学生们感到同情，促使我把自己的教学模块做得更令人感兴趣，把一些教学做得方式多样、更吸引人；我不断尝试新的东西，使教学变得更加有创造性。

虽然 Ruth 不幸没能从教学培训中得到灵感，但是要牢记学生需求的观点，还是很重要的。

不过，在被要求参加岗位教学培训的那些学者中间，出现了一种日益增长的愤慨情绪。本书采访的所有人对于这种课程的价值都是毁誉参半。Craig 认为，他取得的教学资格证"其实根本没有什么用处。荒谬的是，提供证书的机构的教学质量往往很差劲，人们对此非常厌烦，感觉自己是被骗来接受培训的"。Maria 认为自己取得的资格证书本质上过于"一刀切"，没有充分考虑到她所在学科的特别需求——她教英文，需要做大量基于课程检查的工作。最近，《泰晤士报·高等教育副刊》报道了处于其职业生涯之初的讲师们对教学培训日益高涨的不满情绪，声称他们正在拒绝这种培训，将其视为浪费时间之举(《泰晤士报·高等教育副刊》，2005 年 4 月 22 日)。

这种不稳定情绪集中在三个问题上面。第一是时间问题。对一个学者，尤其是新人的时间要求日益增加，在不同的大学，RAE 压力、教学负担和行政任务各不相同，但是大多数学者觉得学校对自己的期望值在不断攀升。要求参加一年（或者更久）的岗位教学培训，只会给时间管理带来更大的压力。第二（这一点也许是培训额外带来的时间压力的一个结果）是大家普遍感觉专门的、冗长的课程是不必要的。大多数新人本来就具备一定的教学经验，因此认为参加更多的教学培训没有太大意义。不过，对讲师接受这种培训的日益不满的第三个原因（看起来也是最主要的原因），在于这些课程本身。正如前文所说，这些课程大多数要求参与者埋头苦学关于高校教学的理论文献，但是却并不总是很清楚为什么必须要学这些课程，因此被认为是在浪费时间。新人希望能在这些课程中得到关于教学的指导和建议，而未必希望（或者愿意）就一些与学生学习有关的、概念性的问题撰写论文。

另外，正如 Maria 观察到的，岗位教学培训课程常常过于一般，意思是没有把它们修改得适合于你的学科。在不同学科内，教学方法各不相同，例如，一个年轻的历史讲师不会认为化学课中使用的讨论教学技巧有什么价值。Lucy 对这种岗位教学证书中普遍存在的矛盾作了思考：

> 这是我从教的第十个年头，我还是不很确定和一帮科学家济济一堂谈论实验室工作是否有助于我的教学工作。我非常愿意参加关于如何教学的课程，我想学习新的教学方法、我会很高兴这样做，但是我想他们应该针对院系和学科的需求来进行培训。

这是一个关键的问题，并且逐渐被各大学意识到。有些机构采取了措施——或者通过结构性地把授课改成向小组授课（社会科学和人文在一起，自然科学在一起），或者通过把某些培训下放，由院系自己决定——来改进岗位培训，以便它们能更加具有学科针对性。这种改进显然是资源依赖型的，对现有的教学培训方式的任何改革都取决于单个大学自身的情况。

不过，随着讲师之中不满情绪的增长，高等教育的主管部门有可能要求各机构在最近上交他们的岗位培训课程情况，并将其改进得更加具有学科针对性。人们认为如果这种课程已经修改得更加适合学者们的需求，学者们就可能更加愿意参加培训，从而也不会对额外占用时间那么憎恶了。本书作者之一Philippa Sherrington 曾经在 20 世纪 90 年代中期参加过一次高校教学的岗位培训，因此对人们对这些课程的特点的所有批评都了如指掌。不过，后来回头一想，她又觉得这些公共课还是有些价值的，因为它们能够帮你认识到哪些教学手段和方法适合于你。例如，在参加了一次关于自然科学中采用的结构化问题有何用处的冗长讨论后，她能认识到这些方法的价值，并且判定它们对自己的学科是否合适。这些公共课有助于帮你弄清楚哪些是合适的，并且，虽然阅读并综合大量关于学生学习的概念框架的学术文献费时不少，但是事实证明这些是非常值得的，因为随着事业的进展，这些知识使她能够更好地理解学习中的一些基本问题，并且能够以一种更加有效的方式来处理特定的学习和教学问题。

4.7　结语

使自己成长为一个富有成效的高校教师并非易事，但是它和人生中的很多事情类似，随着在实践中学习，它会变得越来越容易。不过，在你的职业生涯中，困难随时都会出现——不得不讲授自己其实并不感兴趣的课程或模块、和"难以对付"的学生打交道或者在教学任务和当期的研究项目之间难以权衡。高等教育的环境意味着我们必须持续地为自己的教学质量负责。从有些方面看，它是个积极因素，因为它迫使我们反思自己的教学实践；从另一些方面看，它占用了我们的时间，从而引人愤恨，也许还使我们教学效果不佳。正如前文所说，准备和计划是达成教学效果的关键，自我反省则有助于从自己的课堂实践中汲取经验。

从本书的受访者，以及从我们与高教行业的同事和朋友的谈话来看，有效教学的最重要因素似乎是兴趣。教导一群学生，既能从中受益匪浅，又能令人身心愉快。你不仅仅是在指导他们学习，而是在观察他们在一段时间内的学习效果；不是观察他们的期终论文和考试成绩，而是观察他们在课堂上的成长方式。在参与讨论课时，他们可能会变得更加自信，你会发现，经过你的反馈，他们提高了自己的写作技巧，你还会发现他们的批判性思维水平也在提高。正如 Mike 所说的："这个层次的教育的目的，是培养能够批判地分析的独立思想家。"你还可以从学生那里受益匪浅——倾听他们的心得和思想可能会对你自己在某一课题上的想法形成挑战，或者能启发你在自己的研究中进一步地探索。正如前文所说的，虽然你可能发现，在讲授自己的专业和研究领域内的内容时，可能更有效果，但是与一群学生一起学习带来的收益，则不会只限于科研导向型的教学。

和学生建立良好的关系，对提高他们和你自己对学习与教学的兴趣无疑都是必要的，但是必须是一种工作关系。你想让自己平易近人，被学生视为师傅而不是"师尊"，但也需要和学生讲明你对他们的期望。通过界定这些期望，你能够和所教授的学生建立富有成效的关系，促进他们的学习，并且从他们的成长中获得职业成就感。

4.8　延伸阅读

关于教学方法的一些有用文献包括 Brown 和 Race（2002），Edwards、Smith 和 Webb（2001），Entwistle（1998），Gibbs 和 Habeshaw（1989），Javis、Holford 和 Griffin（2003），Jenkins、Breen 和 Lindsay（2003），Maier 和 Warren（2000），Race（2001）和 Squires（2003）。

从高等教育学会的学科网（Subject Network）上，可以找到一些有用的、按学科划分的建议和资料，该网站是由 24 个分中心组成的（http：//www. heacademy. ac. uk/SubjectNetwork. htm）。这些资料的目的是通过开发和交流良好的教学和学习经验，促进高校学生的学习。那些来自 1992 年后大学的受访者，对英国学科中心（English Subject Centre）的工作特别赞赏。

第5章

指导和评审博士生

如果你只是刚刚开始博士后研究工作或者只是签约研究员或临时教师，那么你就不应该参与博士生的指导和评审工作，因为你不能一直看着他完成博士学位。即便你得到了一个固定的教职，你在多大程度上参与博士生的指导工作，很大程度上还取决于所在大学和院系的特点。一个比较大的、以科研为导向的院系，可能拥有相当多的博士生，院系的文化和对导师的需求可能使你在职业生涯的相对较早阶段就开始了指导工作。在一所比较强调教学的 1992 年后大学里，可能只有非常少的博士生，因此可能也不会要求你承担指导工作。的确，你对博士指导工作的兴趣，可能影响你所申请的职位的类型。即便你不指望在不久的将来就能够指导博士生，也必须明白博士生指导工作带来的挑战和机会。正如 Delamont、Atkinson 和 Parry（1997，p. 1）所评论的：

> 在高教领域里，对任何人来说，指导博士生都是最有成就感的事情之一。目睹一个年轻的学者成为独立的研究者、从事一项研究项目、写出研究结果、提交给学术会议，并看着他们的第一部著作付梓出版，真是一种美妙的经历。

不同的指导方式

在一个院系里，博士指导工作可以被分解成若干种不同的方式（在同一个系中可能并存着几种不同的模式）：

• 单个导师，在自己的专业领域指导一个学生。这名导师通常是在某一个特定领域里声誉卓著的、相对资深的学者。博士生则被视为导师的学徒。的确，最后学生可能被雇为导师的研究助手。这是一种非常"传统的"指导模式，但并没有完全消失。

- 目前越来越多的院系任命一位第二导师，他和导师一起工作，但是相对于资深导师（senior supervisor）来说，处于从属地位；或者甚至组成一个导师组。这样做的一个原因是，在导师生病、跳槽或者离职进修时，仍有人指导学生的工作。不过，它也可以是给比较年轻的教员提供培训的一种形式。这种机制运行的效果，取决于资深导师对提供系统性培训的兴趣有多大，以及普通导师（junior supervisor）在指导过程中的作用有多大。换句话说，作为社会化的一种形式，它的成功可能是"瞎猫碰见死耗子"。不过，和突然被任命为一个学生的唯一导师相比，它没有那么令人胆怯。如果你所在的院系还没有采用过这样的多导师模式，不妨建议尝试一下。

- 另一种指导形式是，由两个导师一起指导，他们在指导工作中处于大致平等的地位。当两个导师的技能互补时，这种方式特别合适。例如，一位导师在某一特定国家或世界的某一地区堪称专家，而另一个具备横贯很多国家的"功能性"的专业知识。或者也许一位导师在论文的研究方法方面具备专业知识，而另一位在论文涵盖的基本领域方面学识渊博。这种形式的指导有助于使普通导师承担起主要的或唯一的指导责任。不过，你要确保自己能和另一位导师建立令人满意的工作关系。在开始指导之前，你们应该讨论一下各自的角色，以及准备如何开展指导工作。

- 总体上说，英国的大学还没有采用美国的模式，即组成毕业论文委员会，这种模式在欧洲其他地方也广泛采用。高等教育质量保证局（QAA）就研究生研究计划制定的工作条例规定，每个学生都要有一个主要的导师，但是"在正常情况下，他/她应该是指导小组的成员"（QAA，2004，p. 14）。不过，该工作条例并没有规定这一指导小组应该如何组建，或者它应该如何开展工作。

5.1 指导工作的优点和缺点

你愿意指导或者评审博士生（本章下文将更加充分地对评审问题加以讨论）的原因可能有很多。它可以提供一个机会，使你与一个其研究工作与你的研究相关的人持续地对话，从而推进你自己的研究。例如，它可以使你发掘你的研究的某一方面或者一个相关的但是你没有时间自己去研究的课题。你可以把被任命为博导看作是一个"重大事件",这意味着作为一个学者,你最终得到了认可。你所在的院系会为你承担博士指导工作提供一些激励,例如减少你的其他教学负担。

不过,在满怀热情地接受博导这个角色之前,保持小心谨慎是重要的。指导博士是一种高度专业化的教学形式,需要与其他教学形式不同的特殊技能。你可以是一个非常好的讲师和讨论课教师,但是在博士指导方面,成效却可能大打折扣。如果你指导不成功,那么其后果要比你教的一个学生没有通过一个模块的考试更加显眼,更加严重。Lauren 警告说:

> 对你接受指导和评审的那些博士生,要非常地挑剔。我觉得,如果你在这方面是个新手,有人叫你指导一个博士生,或者是评审一个博士生,你确实会感到沾沾自喜,这是你成功的一个标志。你的第一个反应是说"好的",我觉得这样做很危险。

类似地,Luke 警告不要认为所有的博士生都会成为未来的博导:

博士生之间能力的差异可能比你最初意识到的还要大。你倾向于认为他们都和你当初一样优秀,这是因为,如果你现在是个初级讲师,那么你以前理所当然是个优秀的博士生。

对于一个要求你指导的博士生,在考虑他的申请的时候,要注意一下基本原则:

- 不要屈服于压力,指导你研究领域之外的博士。
- 如果申请人的第一语言不是英语,那么要尽量保证他/她能相当熟练地以英语作为交流媒介。再也没有比与那些智力超群但是却难以以评审要求的语言充分地表达自己的观点的学生打交道更加令人沮丧的了。在英语考试中规定一个特定的标准,未必能解决这个问题。
- 如果不可能面对面地面试申请人,那么至少尽量和他/她通过电话或者电子邮件交流。这有助于你评估他/她的英语熟练能力,并对学生本人加以评判,在大多数指导都是一对一的情况下,这一点是特别重要的。
- 正如 Luke 所说的:"不要因为某个人的研究领域与你相同就接受他,而是要接受那些研究领域与你相同,并且看起来非常优秀的人。"

指导和时间管理

要牢牢记着，博士指导工作对有效的时间管理有重要的影响，这一点也很重要。博士指导工作是一项"繁琐"的活动，需要你花费大量的时间。这在一定程度上反映了博士生的活动周期。当博士生界定攻读博士期间的研究范围，并开始梳理文献的时候，通常需要进行相当多的指导。如果要在四年之内完成毕业论文，那么学生常常希望选择一些雄心勃勃的课题。在研究的第二年，学生可能在进行现场研究，或者整日沉浸在文献档案里，这会使他们远离大学本部。虽然关注他们的研究进展并就遇到的问题展开讨论也很重要，但是在这一阶段，他们需要的指导可能较少。当他们完成数据整理，并且开始着手撰写论文时，他们会再一次需要较多的定期指导。博士毕业论文就像是公共汽车，总是成群结队地到来。从时间管理的角度来看，没有比突然发现自己需要阅读三篇博士毕业论文初稿更加令人沮丧的了。

如何避免这种情况呢？第一，不要指导太多的学生，这一点很重要。QAA规定："各机构应该保证指导的质量不会因为向同一位博导分配过于繁重和多样的责任而受到影响。"（QAA，2004，p. 17）不过，它没有就如何确定"过于"多的责任作出专门的规定。通常来说，大学和院系对指导的博士生的最大数量有规定，但是这一规定通常偏高。它们似乎经常受到自然科学领域的经验的影响，在那里，博士生们作为研究团队的一部分在实验室工作，研究同一个问题的不同方面，这种方式可以产生规模经济（economies of scale）。如果你有（譬如说）8个博士生，你就不能要求减轻分给你的全部教学任务。因而，你需要考虑到所有有关的情形，给自己设定一个上限。对于大多数导师来说，四个博士生就已经足够了。如果可能的话，你要尽量把他们开始读博士的日期错开，即不要在同一年招4个学生。这样应该可以将他们在攻读博士的不同时期提出的要求错开，虽然有人会遇到类似于公共汽车的现象，即出发较晚的汽车超过了前面的汽车，并装载了全部的乘客。博士生们的工作速度不同，因此不同起点的学生可能会收敛到一个相似的终点。这是不要指导太多博士生的另外一个原因。

另外，你需要考虑和学生接触的计划。正如上文所说，这部分地会受到毕业论文的撰写周期的影响。QAA认识到："学生和导师（们）之间接触的特点和频率会随着研究项目的持续时间、开展研究的方式和学生需要的支持的数量而改变。"（QAA，2004，p. 18）它还注意到："大学可能会发现，把对学生和导师之间可采用的最低接触频率的指导意见……写进工作条例是有益的。"（QAA，2004，p. 17）不管工作条例中如何规定，重要的是从指导工作一开始，就要和每个学生建立起一个双方一致认可的接触方案。在自然科学领域，如果你想找到学生，你只要到他/她的试验台去就可以了。但是在人文和社科领域，学生完全可能"消失"了。你需要和学生们达成定期碰头的方案，这种方案会随着毕业论文的撰写周期而变动。

另外要牢记在心的一点是，有很多种可行的博士生指导方式，你应该选择一种适合自己的方式。正如本书其他部分所建议的，最舒心的、总体来说也是最成功的工作方式是坚持自己的价值观和偏好。优秀的博士生会意识到存在不同的指导方式，并且接受这一现象。Robinson 在攻读博士学位期间，变更过一次导师，因为他的第一位导师离开了那所大学：

> 这次导师变动中产生的一个关键问题是，她作为一个导师，我不应该用评判她的前任的标准来评判她。我的第一位导师善于交往、坦率直言。而她的继任者文静、做事有条不紊。从我收到的评论来看，她们的工作都是富有成效的，但是方式不一样。
>
> （Robinson，1997，p. 81）

5.2　管理博士生

如果博士生们想顺利地完成博士学位，就必须接受管理。对他们进行管理，是为了确保他们不太多地占用你的时间。在一所研究性大学里，在向资深讲师晋升的时候，曾经成功地指导过博士生理所当然地会被考虑在内。不过，这并不能弥补缺少 RAE 需要的四部权威的专著带来的损失。

重要的是，要认识到，在传统的模式中——既然 QAA 强调"主要的导师"的角色的重要性，那么这一模式至少在一定程度上可能持续下去——师生关系是两个人之间的结构化关系（structured relationship）。

和两个人之间的其他任何关系一样，师生关系可能成功，可能失败，也可能随着时间而改变。Dunleavy（2003，p.7）警告说，"导师和博士生之间的关系经常会出问题"。导师可能会"对一个侵占自己地盘的年轻对手变得神经质"，或者学生会对导师的能力失去信心。"或者他们之间的关系会变得过于亲密，导师在这种关系中处于如此支配的地位，以致学生仅仅成为了导师的信徒。"指导工作成功的关键一点，是在这种关系中成功地取得一种平衡。学生必须得到指导，但是不能多到牺牲了他/她的独立性。学生必须得到老师的支持，但是不能多到让一种亲密的友谊替代了工作关系。

1）博士生的多样性

导师和学生之间的关系是一种工作关系，具有特定的目的，即使学生顺利取得博士学位。虽然受到大学的规章制度、非正式的规范和谅解的约束，但是导师和每个博士生之间的关系是各不相同的。每个学生进入这种关系的时候都有着自己的学习经历、先入之见和期望。的确，博士生指导工作中的很大一部分是对期望的管理（expectations management）。如果你具备良好的人际交往技巧，它就会帮助你了解到某个学生的心路历程，并逐渐从那些看起来无关紧要的言辞中发现到一些重要的线索。

在这方面，Luke 提出了很好的建议：

> 博士生并不是千人一面的，他们中有些非常奋发向上，从他们明确地知道自己的期望这一点来讲，他们是非常容易相处的，他们非常善于管理自己的时间，很好地具备自己需要的概念方面的、理论方面的和方法方面的知识。在实际中，这里的一个技巧是，尽早地了解你的学生，了解他/她的能力和天资。我指导博士生的方式是因人而异，因材施教。的确，指导工作就是要了解不同学生的特定需求。

考虑一下学生会如何看待与导师之间的关系，是有益的。学生可能会因为被分配给一个资历较浅的教员而感到失望，但是他/她可能也会变得高兴，因为和那种经常在全球飞来飞去参加会议的"明星"学者相比，这样一位老师会有更多的时间来指导自己。如果你遵从我们在上文给出的建议，只挑选那些其研究领域与你的研究相关的学生，他们就会很高兴能够和自己研究领域里的一位真正的专家相互交流。你的任务并不是要去和具体的知识相匹配，而是要保证：

- 有一个内在的核心主题使论文形成一个整体，"论文要有论点"。

- 正确、充分地利用首要的证据。

- 相关的理论阐述和布局贯穿整篇论文。

- 论文有一个清晰的、内在的结构。

- 从论文中删去不相关的和冗余的材料。正如 Burnham（1997a，p. 8）所写道的："从很多方面来看，阐述本质、删繁就简的能力是一篇博士论文成功的关键。"

- 论文中使用了适当的研究方法，并且讨论了它们的用法和局限。

- 论文表达清楚，没有语法错误和拼写错误。

- 完整而恰当地列出了参考文献。

- 学生清楚提交论文的截止日期，并能有成效地进行时间管理。

2）对学生的挑战

有三类学生会给导师带来特别的麻烦。对所有的导师来说，那些对老师的建议毫无反应的学生都是令人烦恼的。当然，所有的博士生在一定程度上都对导师的意见没有反应。在博士生之间流传的一句名言是："绝不要完全相信或者照着你导师的说法去做。"（Page，1997，p. 55）这种怀疑精神在一定程度上是必要的。能否成为一个成功的学者，部分地取决于他是否发出了与众不同的"声音"。如果博士生没有从导师那里得到一定的学术独立性，就无法这么做。不过，在这方面不能走得太远。正如 Page（1997，p. 55）承认的："有时候应该倾听一下导师的意见，他们会不时地给出一些很好的建议，即便纯粹是出于偶然。"把必须采纳的建议和可以采纳的建议清楚地区分开来，是有益的。换句话说，有时候你必须对学生说："如果你在这一点上不同意我的意见，那你的论文就有被要求修改的危险。"而在另一些时候，你可以说："我的建议就是这样，但是听不听从，由你自己来决定。"一个良好的方法是，在召开指导会议的时候，有一个议事日程，对讨论结果则有统一的记录，其中由学生列出要遵照行事的要点，然后由师生双方签字。

和那些不愿意接受导师的意见，或者对导师的意见充耳不闻的学生相反的是，有些博士生希望"拼凑"成一篇毕业论文，换句话说，学生希望老师告诉自己论文的结构应该是怎么样的，每一章应当填入什么内容，为了获得需要的数据，应当参考什么文献，访问哪些人。这样的学生其实并没有真正令人满意地完成从本科生到研究生的转变，虽然他中间还以一篇毕业论文混到了硕士学位。有些学生在达到硕士水平之前一直非常成功，但是一旦开始攻读博士学位，就遇到了麻烦。在录取和遴选博士生的过程中，很难发现这些问题，因为在此之前，他们常常都有着非常优秀的学习记录。

这一问题给预期管理带来了真正的挑战。只要有可能，你就应该尽量发掘出问题的根子。这个学生把导师当成了圣贤，自己只想成为他/她的信徒吗？在一个颠覆社会结构已经被广泛接受的时代，这似乎不太可能。但是它确实发生过。在有些情况下，这可能是鼓励尊重老人、知识分子的文化背景造成的结果。一些特定的人格类型可能喜欢依赖权威人物。这种情况不太好处理，但还是要尽量策略地向学生指出，博士注定是要进行原创性研究，如果在心灵上不能充分地独立，就不可能有原创性。一个人可以受到特定学者的著作的影响，但同时又应该以一种批判的精神去审视它。

3）自信和鼓励

其他有些学生可能对自己的理性判断能力缺乏自信。这可能源自缺乏自尊这样的更宽泛的问题。这种学生可能能力不足，无法应对学术争论中司空见惯的唇枪舌剑。博士生总是受到严厉的批判这一事实，对改善这种情况可能毫无帮助。任何博士生都需要因为做了优秀的工作或者产生了有趣的灵感而受到表扬，但是对于那些妄自菲薄的学生，要特别加以关注。在缺乏信心当中，可能有性别因素，有些女性在大学里遭到冷遇，或者至少是得到的支持不够（Tinker 和 Jackson，2004，p. 209），认识到这一点是很重要的。

显而易见，有些学生没有能力应对撰写博士毕业论文这样的特殊工作。这就是为什么说院系至少应在第一年结束时进行一次系统的评估，要求学生必须达到一些明确指定的要求，是很重要的。QAA 要求院系应该拥有"为了正式评估学生的进步而明确制定的机制，包括明确的评估阶段……由独立于博导（们）和学生的人参加"。（QAA，2004，p. 18）这样，评判一个学生是否应该继续攻读下去的工作，由一群学识渊博的同事共同进行。告诉一个在学习上野心勃勃的学生他/她不可能达到自己梦寐已久的夙愿，取得博士学位，是不太容易的。不过，在读博一年后告诉他/她这一点，总比浪费了几年的努力和相当大的开销之后却提交不出毕业论文要好点儿。

第三种困难是，一个学生总体上看是前途远大的，但却无法用文字把自己的思想表达出来。正如 Luke 所说的：

　　你需要注意的一个危险是，那些对撰写论文抱有病态的恐惧的博士生。在他们开始攻读博士 18 个月或者两年之后，你会遇到这种情况，即他们其实啥也没写出来。

在准备毕业论文的早期阶段，就应当鼓励博士生们撰写论文，即使当时写的很多东西后来都进了垃圾桶。写作有助于学生组织自己的思想，使他们得以表明自己已经理解了有关的文献，并理清了他们的理论观点。随着毕业论文的进展，它能揭示出哪个地方缺乏关键的信息。从导师的角度来看，眼前摆着写作成型的论文，再提供建设性的或专业性的反馈就要容易得多。否则，指导建议就容易变得缺乏重点。

博士指导工作是一项很吃力的工作。如果学生对你的建议充耳不闻，或者妄自菲薄，就会令人非常沮丧。不过，很多指导关系都可以运作良好，或者可以使之运作良好。指导一个博士生可以成为一段愉快的经历，即便要花费大量的时间和精力。哪些因素有助于构建一种积极的、愉快的指导关系呢？它们理所当然地包括基本的友谊和开放的心态，以及一种环境，使博导感到指导是有趣的和有益的，从而加强在最初接受博士生时形成的观点。在指导的早期阶段，还应该就导师会做什么、不会做什么、哪些工作将被视为学生的责任建立起一些基本的准则。"在指导关系的早期阶段，非常容易通过批评而挫伤学生的自信心，或者通过过多的表扬而使他/她错误地产生一种安全感"（Delamont、Atkinson 和 Parry，1997，p. 23）。

导师的一个关键作用是鼓励学生。如果成功地做到了这一点，那么从双方来看，这种关系都会运行良好，但是这样做会带来非常严峻的挑战。"博士生们经常会陷入债务、贫困、孤立、论文问题以及就业前景暗淡的泥潭，导师应当设法缓解这些问题"（Delamont、Atkinson 和 Parry，1997，p. 82）。在一定程度上，取得博士学位既是对恒心的奖励，也是对才智的奖励。导师的一个作用就是在学生退缩时鼓励他坚持下去。有多种原因可能导致学生缺乏或者丧失奋斗精神。除了财务问题之外，可能还包括"对某一方面的工作感到乏味……

暂时地对整个工作丧失热情……严重的沮丧，也许是抑郁"（Delamont、Atkinson 和 Parry，1997，p. 93）。如果学生觉得导师关心自己，细致入微，并且善于振奋人心，那么处理这些麻烦而不可避免的谈话——你不得不向学生提出某章初稿或某篇论文不合标准——就要容易得多。撰写毕业论文归根结底是件非常孤独的事情，有的时候学生可能对研究的课题感到非常厌烦，对能否顺利完成感到沮丧。相对来说，很少有学生中途放弃，但是他们可能会越来越多地把时间花在诸如教学这样的活动上，或者偏离主题。这时候，导师的任务是引导他们回到研究上来，并重新激发他们对于研究课题的热情。对于某个惹怒你的学生或者你不喜欢的学生，你可能也必须这样做。换句话说，成功地指导一个博士生，需要最高的专业标准。不过，在学术生涯中，很少有比目睹一个原本前景无望的学生成功地取得博士学位更加令人满意的事情了。通过这种工作，你可以真正地、积极地改变他们的生活。

5.3 指导博士生为评审作准备

对博士生的评审是四年研究工作的顶峰。可以理解，它是博士生倍感压力的一个时刻。在这一阶段进行细致的准备工作，有助于成功地通过评审。Tinkler 和 Jackson（2004）以实证研究为基础，对这一过程进行了分析，比我们这里的分析要深入得多。评审工作中，一个关键的决策就是对内部和外部评审专家的选择。惯常做法是由外部评审专家发挥主导作用，确保论文达到标准，但是这并不意味着内部评审专家无足轻重。我们需要的是那些熟悉大学的规章和评审过程，并且能够和外部评审专家很好地协作的人；另外要避免选择任何过于严厉的评审专家。

外部评审专家必须是富有资历、经验丰富的人，否则，在有些大学里，他/她可能难以通过严格的审核程序。一个有时可以用来挑选外部评审专家的经验规则是："首先考虑那些其论著在该毕业论文的参考文献中引用得最多的英国学者。"（Burnham，1977b，p. 94）毕业论文研究领域的外来专家显然是非常重要的，但是正如第2章指出的，学术泰斗作为博士候选人的潜在推荐人的价值，有时被夸大了。不过，除此之外，在挑选评审专家的时候，还必须注意其个人素质和评审方法。

　　我们冒着贻笑大方的危险，大致把外部评审专家分为两类。一类评审专家首先寻找论文的创新点和价值，然后才去寻找可以批评的地方。一般来说，这类评审专家只看论文的表面，即并不试图提议作者应该用一种不同的方式来研究该课题，或者甚至提议作者原本应该研究另一个完全不同的课题。对于博士候选人来说，这类批评特别难以应对，尤其是当这种批评是建立在个人的、政治的以及学术观点的基础上的时候（Tinkler 和 Jackson，2004，pp. 70 - 5）。不幸的是，这正是第二类评审专家的特点之一，这类评审专家专门寻找论文的漏洞。既然世界上不存在完美无缺的著作，那么他/她最后肯定能找到一个漏洞，然后在此基础上向论文发起猛烈攻击。毫无疑问，这种评审专家会为自己辩解，声称自己是在严肃地履行看门人的角色，但问题在于，不同的评审专家给大门设置的高度是不一样的。这反映出了一个广泛存在的矛盾，即评审专家的主要作用"是构建学术大厦还是看守大门"。（Park，2003，p. 27）

　　欧洲其他国家的大学采用的评审程序多少有点不同。该程序是：把论文的终稿寄送给评审委员会的成员（虽然人数因国而异，但一般是三到五个人）。邀请他们来评判该论文是否已经可以送审，或者是否应该进行一些修改。这其实是评审过程的关键阶段，会在评审专家之间引起激烈的、冗长的争论。一旦评审专家们一致认为该论文可以答辩，就会组织一场口头答辩。这种答辩是公开举行的，博士候选人的家人和朋友们通常都会前来加油助威。总体上说，提问非常激烈而刁钻，这就是为什么荷兰一所首屈一指的大学里，候选人在里面等待答辩的那个房间被称为"汗流浃背屋"。不过，到了这一步，通常都会通过的。这种方法的优点是，可以克服英国的评审体系在一定程度上取决于某个特定的评审专家可能采取的、无法预测的行为，既然"是外部评审专家作出最后决定，对论文掌握着生杀大权"（Burnham，1997b，p. 194），那就可能发生这样的行为。它的缺点，则和导师小组指导体系一样，是要冒两个评审专家之间发生矛盾的风险，这些评审专家可能会把这种场合看作是相互挤兑的一个机会。不过，总体上来说，评审专家都是以非常专业的方式工作的。

　　在可预见的未来，在任何情况下，即便英国的评审体系受到行为准则的和申诉风险（risk of litigation）的更多约束，并且一些创新——例如任命一位独立的主席来主导答辩——变得越来越普遍，它都不可能发生根本的改变。因而，对外部评审专家的选择仍旧是一个重要的问题。Dunleavy（2003，p. 214）描述了完美的评审专家应当是什么样的：

> 理想的评审专家应该具有愉快的人格、强烈的自信。她必须既不会因为新人涌入了自己的研究领域而感到挑战和威胁，也不会因为在该领域崭露头角的年轻人持有与自己不同的观点而感到受到冒犯。她必须能够和其他评审专家一起建设性地工作，而不是固执地坚持自己的观点或观念——似乎它们都是非常重要的。这样的人，才会真正地了解在你的领域中从事研究的过程。

具备所有这些人格特点和技能的学者是很难找到的。通常一个人不得不勉强接受一个次优的、但是已经足够好的结果。评审专家的关键特点，应该是愿意建设性地参与到论文中来，并且能够谅解（在第一年越来越多的是在进行研究训练）在四年时间内所能取得的成绩，而不是对论文的观点吹毛求疵。正如 Luke 所评论的："对任何人来说，博士评审都不应该是一种折磨，它应该是相对平等的学者之间的一场对话。一次组织较好的博士评审应当是一场'通过仪式'，而不是一场严厉的审讯。"

1）答辩

"学位答辩是研究生活动中最成问题和最可能引起争议的领域之一"（Park，2003，p. 24）。Park（2003，p. 27）指出了"和当前博士毕业答辩实践有关的 4 个关键问题——缺乏透明度，该过程具有社会构建的性质（socially constructed nature），人们期望答辩具有多重作用，以及各大学内部和大学之间的答辩程序互不相同"。从博士候选人的角度来看，答辩或者口头评审具有相当的神秘色彩，博士生之间流传的传说强化了这一点。"答辩的时间长短、音调和内容……都增加了它的神秘色彩"（Jackson 和 Tinkler，2004，p. 14）。可以理解，博士候选人会对答辩感到惴惴不安，导师的任务之一就是要消除这一事件的神秘色彩。在正式答辩之前的一两周为他们提供一次模拟答辩，是一个好办法，可以使他们对答辩模式有所了解，便于遵循。不过，因为没有两场答辩是相似的，因此模拟答辩的好处有限。在模拟答辩的时候所提出的问题，在实际答辩的时候一个也没问到，这种情况并不鲜见。这反映了在一定程度上"答辩是一个参与的过程，有多重目的在起作用，答辩的规则是不透明的而不是明确的，只是模模糊糊地得到界定"（Park，2003，p. 27）。

另外，还要提醒候选人的是，在评审结果的决定中，答辩很少起关键作用。通常在答辩之前，评审专家就已经决定了是否应该让论文通过（通常要作一些小的改正），或者是否应该要求延期（referred）①，以进行更深入的研究。如果他们认为论文存在严重的缺陷，其中至少一部分必须重写，那么答辩不可能改变他们的这个观点。有时候，候选人能够有理有据地捍卫自己的观点，使他们得以消除疑虑。但是更可能的是，候选人只能消除他们对于某些观点的疑虑，这样重新撰写的工作就减少了。当评审专家感到满意，认为应该允许论文通过，那么答辩就起到了保证论文出自该候选人之手并且提供一些进一步完善的建议，以便出版的作用。有一种非常少见的情况，即一个写出了优秀的毕业论文的候选人在答辩时的表现令人非常不满意，例如，一个候选人桀骜不驯，拒绝回答那些他/她认为超出论文研究范围的问题。候选人在答辩时的表现远远低于论文的质量，这会让评审专家处于非常尴尬的境地。鉴于他们对论文很满意，论文是候选人自己的研究成果，并且他/她对这个课题领域很熟悉，他们不可能单单根据答辩时的表现就要求这篇不错的论文延期。撇开其他事情不说，要确定论文被延期（referral）的理由是很难的。如果你的博士后候选人脾气暴躁或者难以相处，那就要尽量向他/她强调与评审专家愉快相处和积极合作是多么地重要。

2）延期

很少有论文不需要作小的修改就被予以通过。许多大学还专门有一个程序，即允许学生有 1～3 个月时间来对那些表述缺陷之外的不太实质性的缺点进行改正。不过，有些论文被延期了：也就是说，评审专家列出了一个清单，要求按照它对论文进行一些大的修改。然后，在一段给定的期限（期限长短根据要求修改的程度、候选人的情况而确定，但是一般是 6～12 个月）之后，这篇论文必须再次被提交上去。这时不会再一次延期了，评审专家必须决定是

---

① 本书把"refer"和"referral"翻译为"延期"，但是读者要注意到英国大学的博士延期和我国不同。在我国，博士生延期期满之后，仍然可以组织博士毕业论文的评审和答辩，如果通过，则仍然可以授予博士学位；在英国，正如下文所指出的，延期之后，不组织第二次答辩，修改后的毕业论文如果被评审老师予以通过，则授予研究式硕士学位（MPhil），而不是博士学位——译者注。

予以通过，授予一个研究式硕士学位（MPhil degree）①，还是彻底否决掉。延期之后，通常不会再安排第二次答辩。

对于导师和学生来说，延期都是一个尴尬的处境，需要特别小心地对待。"延期常常被学生视为彻底的失败"（Dunleavy，2003，p. 221）。在此之前，博士候选人可能一直在憧憬论文通过之后的生活，憧憬着把论文修改出版，并且投入下一阶段的生活。突然之间，他/她要面对一段额外的研究生活和持续的不确定性，虽然只要满足评审专家提出的要求，被延期的论文就可以通过了。如果候选人还没有找好工作，他/她可能会担心找工作的机会受到影响。如果他已经找好了工作，那么要在应对新的工作压力的同时修改论文，殊非易事。

在这种情况下，导师的作用必须集中在打消学生的疑虑上。Dunleavy（2003，p. 225）建议说："在延期之后，在向你保证评审专家只是要求你进行一些清楚的、可以完成的修改方面，导师的作用是……至关重要的。"重要的是，评审专家要清楚地表明自己的要求：不能适当地做到这一点，可能会引起申诉（appeal）。不过，如果导师试图干预太多的话，那么评审专家可能会认为自己的独立性受到了损害，这甚至会起到相反的作用。

宽泛地说，学生对延期有两种反应：沮丧和暴躁。对于比较沮丧的反应，学生可能会从自身找出一些自认为是缺点的地方，并责备自己。他们最为自责的，常常是自己在答辩中的表现，但是正如前文所说，在评审结果的决定中，答辩很少起决定性作用。导师需要向学生指出这一点，否则他/她会一直为自己回答某一特定问题的方式生闷气。导师需要清除学生的疑虑，指出他们的研究本质上是相当不错的（一个优秀的评审专家会在评审意见中写上这些成就），但是还需要以某些特定的方式加强，以便写出一篇更好的论文。应当向

---

① 英国的学位制度比较复杂。就硕士而言，分为修课式硕士和研究式硕士。修课式硕士主要有理学硕士（Master of Science，MSc）、教育硕士（Master of Education，Med）、工程硕士（Master of Engineering，MEng）和文学硕士（Master of Arts，MA）等，入学资格一般较低，学士毕业即可；并且学制短，一般在一年到两年，只需完成特定的课程，并且达到学院所要求的成绩即可毕业。研究式硕士则有哲学硕士（Master of Philosophy，MPhil）——名为哲学硕士，其实与哲学无关；其入学资格要高很多，入学后除了要求在修学课程上取得优异成绩和担任教学助理外，还要进行全职学术研究，并且撰写毕业论文才能毕业；其学制较长，一般为两年到两年半。因此，哲学硕士学位比一般的硕士学位层次要高些。英国的博士（PhD）在注册的时候，都是以MPhil注册的，在第二年通过资格考试之后，转成博士生。如果博士被延期毕业，并且延期之后论文通过评审，就授予研究式哲学硕士学位，意思是比博士学位低些，但是比一般的硕士学位又要高些——译者注。

学生指出，只要他们按照评审专家的意见去做，就可以完成论文。在学校要求延期的正式文件下达之前，通常有几周的时间，这样他们就有时间恢复信心。

有的学生可能会以一种比较暴躁的方式作出反应；的确，在沮丧的状态之后，往往会跟着暴躁。他们会表达出对评审专家的不满，把父母从国外叫来进行抗议（这种事情的确发生过），或者对导师横加指责，大体上类似于"我失败了，你也不会有面子"。在这种情况下，拥有一个以上的导师是有好处的。不过，在某种程度上，你只要听他说些什么就可以了，这就有助于狂风暴雨平息下来。

有些学生禁不住会想到提起申诉。实事求是地说，在被授予研究式哲学硕士或者干脆被否决的情况下，申诉是唯一合适的方式。针对博士学位的决定提起申诉，很少有成功的，即使成功了，也常常是因为程序的原因：例如，答辩没有严格按程序进行，或者评审专家没有就被延期的论文应该修改的地方给予候选人足够清楚而明确的引导。"值得注意的是，候选人无法挑战评审专家作出的学术决定"（Tinkler 和 Jackson，2004，p.214）。如果在论文评审之前没有埋怨过导师指导的质量，那么评审之后再申诉说导师指导得不够，是不可能取得成功的（或者甚至不允许提起申诉）。（但是如果没有足够的机制来提出或者处理这些怨言，或者有关部门对它们充耳不闻，那就又另当别论）。鉴于大学严格地审查过评审专家的资格，因此要证明他们不能胜任或者对候选人心怀偏见是很难的。学校不可能赞同申诉提出的、重新任命一组不同的评审专家以便得出正确结果的要求，虽然在评审违背了程序的时候是可以任命新的评审专家的。对于博士学位的授予，大学的确履行着一种重要的、看门人的职责，如果授予学位的标准被不适当地放松，就会招致批评。

博士指导工作是一项要求很高的工作，要求具备相当多的能力，不仅要具备专业知识和学问，还要和博士生建立一种双方都感到满意的关系。为了使他们接受你的指导，你要获得学生们的信赖，但是要避免他们过于依赖你。如果发生了这样的事，他们就无法培养自己的学术独立性和与众不同的立场，还可能过多地占用你的时间，使你倍感烦恼。困难之一就是必须认识到，博士生们会相互讨论，这是值得提倡的，因为它是建立学术圈（intellectual community）和相互支持的人际关系的一部分，常常可以影响人的一生。但是，这种讨论也会创造出一些关于学术学徒期（目前这仍是一个多少有点特殊的过程）的本质的、影响深刻的传言和误导性的传说。研究训练应当帮助学生消除一些这样的传言，但是导师作为学术上和程序上的引路人，还有一个重要的作用。

5.4　评审博士论文

被邀请去评审一篇博士论文是通常成功的和声名卓著的学者的道路上的另一个里程碑。不过，正像成为博导一样，有必要谨慎小心。当然，这项工作持续的时间不会太久：只要花几天时间研究一下论文，再前往候选人所在的大学拜访一趟即可。但是，这是一种令人相当厌烦的经历。正如 Luke 所说的：

> 阅读博士论文是一种痛苦，如果它枯燥乏味，就更是令人痛苦。
> 博士论文向来不是文学著作：它们通常都是枯燥乏味的、有条不紊的、富有价值的、味同嚼蜡的。

虽然目前支付给外部评审专家的辛苦费已经见涨，但是和付出的劳动还是不成比例，这反映了一个事实，即博士评审主要被看作一种职业上的责任。思考一下医生和律师愿不愿意以低于市场价格的报酬来履行这种职业责任，是很有趣的。如果你是个内部评审专家，那么支付给你的辛苦费也许还没有外部评审专家多，甚至干脆一个子儿也没有，并且你还得负责组织评审、照顾外部评审专家。特别重要的是，要熟悉一下大学的规章制度，并且明白在遇到困难的时候如何应用这些制度（如果你对什么事心里没底，可以打电话去研究生办公室寻求建议）。如果博士候选人被延期了，则应该清楚他/她会向你请教对修改的建议。虽然把那些他/她拿不准的地方向他/她解释清楚是合情合理的，但是不应该和他/她进行太多的讨论或者与他/她交换电子邮件。这首先是博导的责任，你应该指点他/她去请教自己的导师。

那些来自英国国外的评审邀请通常都值得接受。在那里，你会成为评审小组的一员，这样你的责任就被分担了。为你的工作支付的报酬也比在英国高得多，另外还有一个额外的好处，即免费前往国外旅游一趟，也许是去一个风景迷人的地方，比如佛罗伦萨或者巴塞罗那。不过，这可不是一次仅仅搭送了轻松的评审任务的学术旅游机会。在提到自己去国外评审的经历时，Lauren 告诚说：

> 论文还是要读的，你个人还要就某些方面提出一些问题，你还是
> 决策过程的一部分（虽然这种责任被更多的人分担了）。如果出了任
> 何问题，或者论文因故被延期（虽然在其他国家的评审体系中这不
> 太常见）等，那么你还要和学生联系、接触。另外，你要事先了解
> 这个和英国不同的评审体系，熟悉该体系中的规则和程序，这是非常
> 花时间的。一句话，我不认为要做的工作会减少（并且，在某些方
> 面还正好相反）。

你应该对第一次评审博士论文作怎样的准备？应该尽量找出一段时间，在一个没人打扰你的地方研究这篇论文。要仔细审阅这篇论文，不仅要在可能存在问题、可能会提问的地方，而且还要在写得好的地方记下笔记。专门用一张纸或者一个电脑文件列出打错的字、语法错误和拼写错误，因为你需要向候选人提供一个需要修改的列表。另外，你还要注意存在抄袭的可能——非常不幸的是，这在博士论文中不是没有发生过。读完之后，准备一个你将要在答辩时提出的主要和次要问题的列表，这也可以作为你的初步报告（如果需要的话）的基础。你准备的问题列表应该尽量综合论文的要点以备讨论，而不是一页一页地包括整篇论文。显而易见，很多问题都会和论文的特定内容有关，但是，正如 Luke 指出的："我在不同的博士评审中提出的很多问题，其实都是同一个问题。有不少问题——关于案例选择的、研究方法的和理论的——对所有博士来说都是相同的。"

正如本章较早部分提到过的，博士论文评审的程序的标准化程度不像大学的其他事务那样高。程序出现差异的地方可能包括：

• 是否要求评审专家在评审之前交换初步报告（在评审之后，这些初级报告通常还必须提交给学校）。这确实是一种比较好的做法，因为它使评审专家们可以相互了解他们独立审阅论文的时候所提出的问题是否相似，有助于他们更有成效地提前考虑如何组织答辩，而不是在评审之前的午餐餐桌上匆匆忙忙地加以讨论。即便要求提交初步报告，也应该遵循 Luke 的建议，并且"应该提前一天进行讨论，以便大致了解我们的想法"。

• 对评审时的着装是否有任何特别的要求。牛津大学也许不会坚持要求

来自外校的评审专家穿着整套黑色的正式服装（subfusc），但是如果学生需要身着毕业长袍、打着领结穿过镇子招摇一番，并任由游客拍照，那么出于礼貌，你应当穿着相似的衣服。

- 论文评审是否是公开进行的。在大多数大学不是公开的，即便是公开的，也难得有一个听众。

- 是否允许导师出席答辩；他/她是应该保持沉默，还是可以经过（或不经过）邀请参与评审（Tinkler 和 Jackson，2004，p. 84）。即使允许老师参与，这也未必是个好的做法，因为它会使学生和评审专家都心神不宁。

在所有大学里，评审专家们的决定都构成了一份建议书，并且必须得到学术委员会（senate）的确认。通常的做法是由研究学会（graduate studies）的主任来详细审查该报告。不过，通常在答辩的时候就会把建议书递交给候选人。如果候选人答辩成功了的话，这就是件轻而易举的事情。如果论文被延期了，候选人可能就会伤心不已，这时最好不要与候选人或导师详细谈论作出该决定的原因。只要强调将会下发一份详细的报告，上面会写明需要对论文进行哪些修改即可。重要的是该报告要准确而详细，否则候选人会难以确切地理解所提出的要求，结果整件事情将会以申诉而告终。

5.5 结语

在 1 + 3 的模式下，随着越来越强调在开始撰写论文之前进行系统的研究训练，以及越来越多地为学生配备不止一个导师，研究性论文的指导工作的特点也在不断地发生变化。不过，第二导师的贡献常常纯粹是名义的，只是使院系可以在声称配备了不止一个导师的方框里打上一个钩。相当多的责任仍然压在第一位导师或者主要导师的肩上。这种责任感会导致导师和学生过于亲密或者使师生关系变得过于私人化。在一定程度上，这种关系常常是不对称的，但是如果学生过于依赖导师，他们就不太可能顺利地成长为成熟而独立的学者，还会过多地占用导师的时间。导师应该关心学生，在工作上照顾学生，但是保持一定学术上的距离，也是很重要的。

许多从来没有指导过博士生或者评审过博士论文的学者，无疑也可能步入这种境地。本章一直在强调与博士指导和评审工作有关的一些要求和责任。不过，它也是学术工作的一种形式，会带来学术上的回报和个人满足感。指出其中的一些困难陷阱和歧途曲巷是有必要的，但是大多数博士指导工作都能平稳而顺利地进行。应该积极寻求参与博士指导工作，同时对其中涉及的事情抱着一种合乎现实的欣赏态度，而不是试图躲避它。

第 6 章

发表著作

本章讨论如何将你的研究成果发表的问题。第一部分讨论 RAE 造成的形势，RAE 给学者们带来了相当大的发表的压力，在研究导向型的大学中尤其如此。甚至那些任职于比较强调教学工作的大学里的学者们，或者是由于希望自己在学术事业中能够更上一层楼，或者仅仅是由于想把自己的思想传递给较多的读者，也可能希望发表作品。"不发表，就完蛋"这句口号当然并不是专门为 RAE 发明的，但是系统性的研究评估的确已经给发表论著的方式带来了相当大的冲击。本章的第 2 部分试图梳理从学术专著到网站等各种发表途径，包括关于如何把你的博士毕业论文出版成书的建议。第 3 部分讨论发表要做的技术工作，包括从文本编辑到生成索引等内容。最后在结语里讨论未来比较长的期限内，学术发表方面的一些发展趋势。

6.1 RAE 造成的形势

关于发表论著的任何讨论都必须把 RAE 评定过程、在二元资助体制（dual funding system）下研究经费向全部经济成本核算（full economic costing）转变造成的形势考虑在内。一个处于学术生涯较早阶段的学者进行研究和发表的方式，将会受到系里施加的压力的影响——系里迫切地希望向 2008 年的 RAE 提交出最好的成绩。如果一个学者所任职的院系不打算向 RAE 提交资料，那么跳槽到一个研究导向型的院系的愿望，仍然会影响他/她的著作策略。

在学术生活中，RAE 是一个具有高度争议的话题。许多学者认为它使学术生活不可逆转地变糟了。在对 RAE 进行任何评价的时候，都有必要区分清楚进行这种评价的原则、进行评价的方式以及以 RAE 为基础作出的财务决定。

对大学里进行的研究进行评估的必要性，来自于这样一个事实，即如果大多数院校都是接受公共资金开展研究，那么就有必要建立一个机制，以确保这些资金花在刀刃上，并且所进行的研究能够增进知识。如果没有 RAE，那么对大学的严格审核就只能限于以前的大学拨款委员会（University Grants Committee，UGC）时不时的"视察"，大学教师们就可能只进行很少的研究，或者干脆啥也不干。的确，在过去，系里那些研究不积极的成员不仅只拿经费而不干活，而且还常常成为年轻成员们的障碍，将他们的研究活动视为对自己的威胁和抢夺饭碗（rate busting）的一种形式。引入 RAE 系统——它始于 UGC 在 1986 年进行的研究选择评鉴（Research Selectivity Exercise）——的一个结果是，这种态度不可能再持续下去了。它还为年轻的、积极参与研究的学者们开启了更多、更快的晋升机会。人们总是太容易怀念过去大学里的黄金时代，那时可以有闲情逸致去研究严肃的学问，而不必反思这会鼓励保守主义倾向。RAE 的评估常常过多地重视科研的成本，而不是科研带来的收益。专栏 6.1 中列出了英格兰高等教育基金管理委员会（Higher Education Funding Council for England，HEFCE）认为的 RAE 具备的优点，以及一些常见的批评意见。

专栏 6.1

HEFCE 对 RAE 的看法

人们普遍赞同 RAE 带来了显著的积极影响。该评鉴从根本上提高了英国学术研究的总体质量，并对保持国民经济增长和国际竞争力作出了很大的贡献。它突出了最好的研究，并且鼓励高等教育机构（higher education institute，HEIs）采取有力的措施建立和完善自己的研究策略。它使政府和资助机构（funding bodies）得以最大化可用于基础研究的、有限的公共资金的收益。RAE 还加强了研究资金的二元支持体制——在这一体系下，来自资助机构的拨款支持着进行长期研究的能力，基础设施建设，以及基本的、好奇心驱使的研究。这支持着高等教育部门接受研究委员会（research councils）、慈善基金会（charities）以及其他机构的资助，进行公益性研究活动的能力。

同时，该评鉴也受到了一些批评。人们对于该评鉴的担忧包括：

- 偏袒那些声名卓著的学科，侧重新的和跨学科的研究；
- 对应用性的研究，尤其是以实践为基础的研究处理得不好；
- 给高等教育部门带来了过多的负担；
- 给教育机构的行为带来了负面影响，因为高等教育机构（HEIs）

和院系为了获得尽可能高的排名，会规划自己的研究策略，炮制向 RAE 提交的资料。

资料来源：RAE（2004），p. 4.

毫无疑问，RAE 给年轻的科研人员带来了相当大的压力。Ruth 评论说，一个主要的挑战是"RAE 整个就是在驱使你去做出成果，粗制滥造地进行研究，这首先就打消了研究的乐趣"。Lauren 写道：

有一些重大的挑战都与如何适应一种受 RAE 驱动的文化以及如何权衡取舍有关。RAE 对科研成果的压力是如此之大，我们丝毫不敢松懈，浪费片刻时间。

结果，有些年轻的学者可能会离开学术生活，或者在学术生涯的较早阶段就对学术"丧失兴趣"。这可能导致年轻的学者们"力求稳当"，撰写一系列在所在学科中稳居主流的文章，而不是撰写会对普遍接受的正统观念形成挑战的、研究深入的专著。Mark 评论说：

问题在于，RAE 带来的压力和当前的环境实际上使人们不愿意在写作时承担风险。要回想自己所做的事情，再加上几句话或者一点思想是很容易的……理性的研究者只会力求稳当，不断地写些四平八稳的东西，而不是充满令人惊叹的挑战性的文章。

从这一点看，RAE 没能达到自己的一个关键宗旨：

建立一个中性地运作的、不会对其所评估的行为产生扭曲的评鉴程序，除了对整体研究质量的提高提供激励之外，既不鼓励也不打击特定类型的活动或行为。

（RAE，2005，p. 2）

对于 RAE，人文和社会科学领域的学者们的一个担忧是，它很大程度上是为了解决自然科学领域的问题。自然科学中的很多研究是资本密集型的，需要专门建造实验室，购置昂贵的设备。因此存在这样一种情况，即在相对较少的几个地方集中进行研究，但是这种方式对于人文和社会科学是不适用的，虽然人们在同一个地点的一个研究小组一起工作也有其优点。在 2001 年 RAE 之后采取的资助决策加重了这种担忧。那些评级为 3A 的院系得不到研究经费了，而评级为 4 的院系（占了积极参与研究的教员的 25%）——大致是达到国际优秀水平，在全国首屈一指——的研究经费被削减了 42%。这反映了政府的高等教育政策，这种政策可以总结为"相信科研的收益来自较大的单位的集中研究"（Evidence，2003，p. 7）。从某种程度上来说，这么做似乎是混淆了选择性和集中性带来的收益。"人们广泛持有的观点，即单位越大，科研做得越好，其实没有广泛的证据支持"（Evidence，2003，p. 25）。

1）2008 年的 RAE

在为即将于 2008 年完成的 RAE 收集建议的时候，各拨款委员会（funding councils）试图回应人们对以前的评鉴的批评。他们建立了一个新的、包括主评判委员会（main panels）与分评判委员会（sub‐panels）的体系，其中分委员会关注的是特定的或者相互之间密切相关的学科，而主委员会则涵盖学科群（groups of disciplines），而对学科群的划分也并非没有争议。主委员会将监督分委员会采用的标准和工作方法，并将最终做出评级决策，但是这种决策应当是基于分委员会的推荐做出的，分委员会则仍然承担评估科研的收益、阅读发表的论著、做出评级决策等工作中的较大部分。

从决策者的角度来看，2001 年的 RAE 把提交的所有著作中的一多半都评定为 5 级或者 5∗级，就提供不了"选择性资助政策所要求的甄别度"（RAE，2004，p. 4）。因此他们用质量概览表（quality profile）来代替以前的量化评级表（rating scale），在质量概览表中的四个类别中，有三个类别要求拥有国际水平的著作。换句话说，为了保证研究经费能够继续集中于那些注定能做出优秀成果的单位，和以前的评鉴相比，标准被提高了。图表 6.1 列出了拨款委员会提供的一个质量概览表的一个样板。不过表中的数据是虚拟的，大学 X 表示一个成功的研究型大学，大学 Y 表示一个 1992 年后大学。

图表6.1　　　　　　　　**两个大学评估的质量概览模板**

（达到不同标准的研究活动所占百分比）

不同标准	大学 X（%）	大学 Y（%）
4 星	15	0
3 星	25	5
2 星	40	40
1 星	15	45
无等级	5	10

资料来源：RAE（2005），p. 24.

质量水平是按照以下类别来定义的（RAE，2005，p. 24）：

● 四星。那些从原创性、重要性和严谨程度来看，研究质量都达到世界领先水平的成果。如果一项研究成果是或者可能成为学科领域或子领域内的首要参考文献，则达到了这一标准。这就是有时口头上所说的"爱因斯坦"或者"诺贝尔奖"标准，只有为数不多的著作才能达到这个标准。从分委员会的推荐来看，达到这样的标准，并不像上述这些评论所说的那样难于上青天。那些改变了我们对于某一学科特定方面的看法的研究成果应该满足这一标准。

● 三星。那些从原创性、重要性和严谨程度来看，研究质量都达到国际优秀，但没达到最高标准的研究成果。如果一项研究成果是或者可能成为**从根本上**推进某一领域或子领域的知识和理解的**主要**参考文献，则达到这一标准。

● 二星。那些从原创性、重要性和严谨程度来看，研究质量都获得了国际承认的成果。如果一项研究成果是或者可能成为推进某一领域或子领域的知识和理解的参考文献，则达到这一标准。三星和两星之间的差异是非常关键的，各个委员会经常需要将两者区分开来。但是，即使使用了像"主要的"和"从根本上"这样的词语来以示区别，要区分"国际优秀的"和"获得国际承认的"仍非易事。

● 一星。那些从原创性、重要性和严谨程度来看，研究质量都获得了国内承认的成果。如果一项研究成果对或者可能对某一领域或子领域的知识和理解作出贡献，则达到这一标准。

● 无等级。那些研究质量得不到国内认可，或者达不到为了评估而制定的发表标准的成果。

质量概览包括三个主要部分：研究成果（不低于总数的 50%）、研究环境（不低于总数的 5%），以及声誉指标（不低于总数的 5%）。给上述每项赋予的实际权重由主委员会决定，有些主委员会遵从拨款委员会提供的一个说明性的例子里面的权重，该例子赋予研究成果的权重是 70%，赋予研究环境的权重是 20%，赋予声誉指标的权重是 10%（RAE，2005，p. 25）。在社会科学的四个主委员会中，有三个赋予研究成果的权重是 75%，不过负责商科和管理学研究的分委员会把这一权重减少到了 70%。在艺术和人文领域，负责历史、哲学和宗教学的第 N 个委员会赋予研究成果 80% 的权重，但是负责区域研究的委员会赋予研究成果的权重只有 70%，赋予声誉指标的权重则特别高（有 15%）。

因此，年轻的科研工作者肩负的主要压力在研究成果方面，这部分是因为该指标对最终的结果影响最大。研究收益、学生、奖学金，以及关于研究策略的文本资料、研究环境和声誉指标都会被正式地考虑进每次提交的质量概览里。它们将"换来钞票"，并且可能会对质量概览整体产生根本性的影响。不过，评鉴的这一部分距新人相对较远，不会要求他们来撰写对于研究环境的评价文件。然而，声誉指标是对一个院系整体而言的，因此预料分委员会会寻找那些每个人都在进行引人注意的、有价值的研究的院系。委员会还会关注学术新秀们，把他们作为"提高和培养研究人员的战略"的目标，"尤其是那些学术新秀们"（RAE，2005，p. 15）。

因而，年轻的研究人员常常承受着压力，需要在向 RAE 提交材料之前，及时地完成四项研究成果。图表 6.2 概括了 2008 年 RAE 的时间表。虽然 RAE 要求分委员会"考虑那些处于学术生涯早期阶段的研究者的处境"，他们"在院系提交材料时会自动地被拦下"（RAE，2005，p. 13）。他们进入该行业的日期也会被申报上去，虽然在如何计算入行日期这个问题上存在争议（从技术上看，第 A 类提交的计算方法是正确的）。2003 年 8 月 1 日之后获得第一份全职工作的人，被视为处于学术生涯早期阶段的研究者（early career researchers），一般期望在 2003 年 8 月 1 日到 2005 年 8 月 1 日期间入职的人，要有两项研究成果。2005 年 8 月 1 日之后入职的人要有一项研究成果。

图表6.2 　　　　　　　　　　　2008 年 RAE 的时间表

截至 2005 年 12 月 31 日	公布主委员会、分委员会的最终标准和工作方法（稍有推迟）
2007 年 10 月 31 日	普查日
2007 年 11 月 30 日	提交材料的截止日期
2007 年 12 月 31 日	研究成果出版的截止日期
2008 年 1 月至 11 月	评估阶段
2008 年 12 月	发表评鉴结果

2）RAE 对研究成果的选择

在不同的学科里，研究成果的确切形式各不相同。例如，在人文领域的一些分支里，研究成果可能包括图片、建筑、表演、展览或者事件，以及以非印刷载体（non-print media）① 出版的作品（RAE，2005，p. 13）。在那些其研究成果主要局限于书籍（print media）的学科里，给各种出版物赋予的权重可能不同。各个分委员会为 2008 年的评鉴公布的评判标准包括诸如下面的声明（这是政治和国际关系分会作出的）："所有形式的研究成果都会被同等对待。本分会不将研究成果分出等级，也不认为任何特定形式的研究成果就其本身而言比其他形式的研究成果质量更高或者更低。"经济学学科委员会对那些发表在主要期刊上的论文赋予了非常高的权重，但是经济学分委员会则声称，该会"将不认为任何形式的研究成果的内在质量比其他形式更高"。但是，学者们怀疑委员会的成员可能会受到研究成果的表象和内容的微妙影响，因而在声名卓著的期刊上发表的论文会给他们造成第一印象，虽然即使一流期刊有时也会发表一些低于他们自己的标准的论文。人文领域的学科更加喜欢科研专著一些，以至于在很多学科，所谓的"黄金标准"就被认为是包括一部研究专著和三篇在高档期刊上发表的论文。人文领域的委员会为"杰作"制定了标准，它有时候相当于两项科研成果，有时候更多。

大学的院系不喜欢提交教科书，虽然有些出版商试图把一些科研专著假装成教科书来推销——这个问题受到了政治和国际关系小组的特别关注。那些包括了原创性研究的书籍和那些综合了之前的研究的书籍，都可以名正言顺地当

---

① 指视听资料，即音像制品——译者注。

作高级课程的教科书，并且也会进入 RAE。书中的章节则不太可能得到系里的青睐，因为它们没有经过严格的同行评议（peer review），虽然它们对该学科作出的贡献可能比很多期刊论文更大。这是非常不幸的，因为：第一，"不应该认为缺乏（同行）评议就意味着质量不高"（RAE，2005，p.14）。第二，虽然委员会的成员不太可能阅读大学提交的所有研究成果，但是他们会阅读得相当认真，足以对其行业地位作出判断。第三，在 2001 年的 RAE 中，有证据表明，即便是评级很高的院系，所提交的研究成果也不限于科研专著或者期刊论文。

6.2 不同的发表方式：学术专著和教科书

学者们可以选择不同的方式来出版自己的著作。在有些情况下，这种选择可能会受到学科偏好的影响：例如，在经济学领域，对期刊论文的重视要甚于其他任何研究成果。抛开学科规范不谈，大多数学者喜欢兼用不同的出版方式。这通常反映了提供给你的出版机会：例如，在一次学术会议上宣读了论文之后，你被邀请为一本论文集写上一章。然而，你不应该不假思索地接受摆在面前的所有出版机会。必须要把时间管理考虑在内，尤其是，诸如书中的一个章节这样的小型项目看起来似乎能够很快完成，但是长期内会耽误更加重要的工作。

在本书涉及的大多数学科中，如果在工作几年后，还只有一系列优秀的期刊论文，而没有出版一部学术专著，这样对你是不利的。一部优秀的研究专著，会被视作你有能力深入研究有关问题、对学科作出了卓著贡献的证据。撰写这样一本书，代表着一种实力，它可能会持续很多年。不过，专著具有一些期刊没有的优势，在影响力方面尤其如此。正如 Dunleavy（2003，p.252）所写道的："一本书，任何书，都是可以长期存在并被广泛阅读的……和期刊论文相比，书籍的引用率通常更高。"然而，撰写一本书绝非易事。Ruth 说：

> 那时我吃尽了苦头。那本书是三年前写好的，可我现在还没缓过劲儿来。只是到了现在，我才开始考虑再写一本，因为形势所迫，我需要这样做。

1）教科书

科研专著和教科书之间的差异并不总是泾渭分明的。这部分是因为有些出版商喜欢把科研专著假装成教科书来推销。当然，这两个功能是有可能合而为一的。一部科研专著也可以作为高年级本科生或者硕士生的核心读物。但是，当出版商对你施加压力，要把你的书弄得不像科研专著、更像教科书的时候，你可要小心。正如 Luke 回忆的：

> 出版商们想印刷的是教科书。在出版商的想法和你的想法之间，是有差异的，你可以把出版商认为是一本教科书的东西当成专著来写。我认为世上无难事，只怕有心人。当时我确实需要另谋出路，因为出版商明确地向我施压，要求把我的书写得更像教科书，给它添加上教科书该有的东西。

出版商 Steven Kennedy 曾经写过一篇文章，为处于 RAE 带来的压力环境下的学术教科书进行辩护。他认为，如果教科书只是作为引导学生进入一个学科并使之接触到最先进的研究的手段，那么教科书是没有用的。在他看来：

> 在把零星的科研发现和互不相干的争论系统化，并向更多的读者传播的过程这方面，教科书居功至伟……它们通过在这个越来越专业化的世界里给研究者建立里程碑，而成为……学术进步链条中的重要一环。
>
> （Kennedy，2004）

Kennedy 的观点，即"撰写这样的教科书所需要的分析和研究能力被大大低估了"是意味深长的，并且，对教科书的看法代表了 RAE 强调的可以衡量的成果，而不是意愿的成果。如果不再有出版商提供优秀的教科书，那么教学会变得非常困难。网上的资料不足以代替教科书，因为它们不能为学生提供指导和知识结构。但是，在短期到中期内，刚刚开始学术生涯的新人们无法改换自己的工作环境。为了写出一本成功的教科书而付出相当大的努力，不会给他们的学术生涯带来好的开端。

与专著相比，教科书可能更加费时费力，难以撰写。Moran（2005）以自己在撰写科研专著和教科书方面的丰富经验为例，写道："学生的教科书要难

写得多。"教科书会受到更加严格的审核，并且要撰写的某些内容他自己从没
专门作过研究。他还必须拜访一些读者，包括那些使用该书作为教材的初学者
和那些同行们（需要劝告他们向学生推荐该书）。"撰写教科书这个过程，最
先是撰写文字。真正最难处理的是要把一些附加材料：照片、文件、专栏简
介、时间列表、争论和问题专栏、漫画等融入书中"（Moran，2005，p. 4）。

当然，教科书带来的收入（以版税的形式），要比科研专著要多得多，即
使科研专著能带来一点资金回报，通常加起来也只有三位数。那些销售到大学
里的教科书能够产生五位数的销售额，以及与之相应的版税，很多非常成功
的、一年级本科生的教科书都是如此。不过，必须把这笔钱和从更早地得到晋
升或得到固定教职带来的经济收益相权衡。并且，教科书是一个连续的任务，
需要经常更新内容以便与时俱进，并且现在越来越和网站相辅相成，这些网站
也需要维护和更新。当然，总体上看，学者们写作并不是为了钱，而是为了让
更多的人知道自己的观点。

一般来说，无论如何，比较年轻的学者不会去撰写教科书，因为撰写教科
书需要具备并理解一个宽泛的领域的知识，这通常在此后的学术生涯中才能慢
慢具备。一个资深学者的"名气"或者声望有助于推销他写的书籍。不过，
年轻的学者们有时候会被邀请为一个自己擅长的、新兴的领域撰写一个短的文
献综述，或者为一个特定的概念写一个导言。这种机会是值得考虑的，因为它
可能提供"世界最好的机会"。它能提高你作为一个透彻了解新兴领域的学者
的声望。这种书一般都相对较短，因此所花的时间不会像撰写一整部研究专著
那么长。它们还能帮你赚上一笔，在你仍然担负着求学时欠下债务的情况下，
这也是要考虑的因素之一。不过，再次重申，重要的是要保证出版商不在教科
书的版式方面对你要求太多。一本袖珍版式的书也会招致轻蔑的评论。在这种
书中，不仅需要对一个领域进行系统的文献综述，还需要写出你自己的立场，
提供自己原创性的和富有挑战的观点。以这种版式出版的书籍，也会作为
RAE 认同的学术贡献而被接受。

2）选择一个出版商

现在，出版学术研究专著的经济环境是越来越困难了。出版商们发现，那
些处境困窘、囊中羞涩的学生们每门课只买一本或者最多两本教科书，其中很

多还可以在旧书市场上找到。教学辅导书的销售额一直在迅速下滑。除了课程的核心教科书之外，学生不愿意买其他任何书籍。这意味着大多数研究专著都要向图书馆销售。实际上，从只卖出300本——主要卖给图书馆——的书上，也是可以赚钱的，不过这通常意味着书的价格将高达50~60英镑。另外，出版商希望确保该书具备较高的学术水平，具备最先进或最新的资料，以便受到人们的赞扬。他们希望确保作者是该领域内受到广泛认可的学者，或者至少是崭露头角的专家，该书有销往国际市场，尤其是美国的潜力。除此之外，昂贵的价格，意味着能够读到你的著作的人比你意愿的要少一些，但是这不会降低它在 RAE 或者晋升中的价值。

出版过程中的窘迫的经济形势造成的一个结果是，"20世纪80年代以来，随着学术著作出版行业合并成为更大的、更加商业化定位的全球性大公司，出版学术专著的大公司的实际数目迅速减少了"（Dunleavy, 2003, p. 252）。这样导致的一个后果是，出版商越来越看重期刊的出版，认为它更加有利可图。大致来说，可以把图书出版商分为四大类：英国和美国的主要大学出版社、大型商业出版社、规模较小的商业出版社以及有时候被称为"学术虚名出版社"（academic vanity presses）① 的出版商。这四类出版商各有自己的优势和劣势。投入一点精力了解一下出版社是怎么回事，它的运行受到哪些限制，是有必要的。正如 Emma 所说：

> 我逐渐了解了学术出版是怎么回事，出版商们对什么感兴趣。出版社本身是个企业，了解商业出版的有关事项是很重要的。以前没有人告诉过我这些。

如果你成功地在主要的大学出版社——牛津大学出版社或剑桥大学出版社——出版了一本书，那么你会获得相当大的声望。对于年轻的研究者来说，这并非一个不可企及的目标，因为在我们的受访者中，有些就在这些声望显赫的出版社出版了自己的著作。曼彻斯特大学出版社也拥有很高的名望，但是和上述两者不可同日而语，在英国之外的形象更是如此；爱丁堡大学出版社注重书籍的内容或主题是否与苏格兰相关，并寻求成为有关苏格兰的严肃书籍方面

---

① 原文是"academic vanity presses"。"vanity press"指那些专门为自费出版者服务的出版社。作者自己出钱给出版社出版书籍，这样可以捞个"虚名（vanity）"——译者注。

首屈一指的出版商。美国也有一些备受推崇的大学出版社，例如哈佛大学出版社和普林斯顿大学出版社，但是，下文要讨论的、在牛津和剑桥大学出版社出版书籍的困难，它们也都具有。不过，如果你的书稿涉及诸如美国历史、美国文学、美国电影或美国政治等领域，那么还是一个值得考虑的选择。

为了能够成功地在牛津大学出版社和剑桥大学出版社出版书籍，你必须拥有一部质量非常高的书稿，并且应该预见到它的评议过程要比其他大学出版社更加严格且费时。但是这并不是说年轻学者做不到这一点，你需要坚持不懈。Lucy 拥有相关的经历：

> Andrew 和我一起合写了一本书，我们真的希望能在一个好的出版社出版。我们花了很多时间来研究如何把它推介出去，哪些人会阅读它，为什么阅读它。Andrew 对它加以整理，我写出章节的样板，使它显得非常紧凑。然后我们得以和牛津大学出版社签订合同，这真是梦想成真。做到这一点花了很长时间，经历了重重困难，他们索要样板的另一份手稿，计划草案的另一份手稿。我建议只能按照他们要求的去做。

主要的商业出版社是拥有非常好的声誉的图书出版商。它们的声望可能没有主要的大学出版社那么高，但也是备受推崇的。它们出版的书籍通常也会经过同行评议。不过，它们通常主要出版教科书，因此有尽力把你的书籍往教科书方面引导的风险。因为它们出版的书籍汗牛充栋，你的著作在某种程度上会被淹没。它们的很多书都是以关于特定主题的丛书的形式出版的，因此值得研究一下是不是有一套丛书适合你自己的著作的主题。许多丛书界定得相当宽泛，适用方面有相当大的弹性。书名的选取具有更多的学术性，因为丛书主编通常都是资深的学者。他们希望为丛书取高质量的名字，常常会非常热心地帮助年轻的学者。不过，值得注意的是，丛书既有可能提高你的声望，也有可能损害你的声望。如果一套丛书的题目太多，以至于失去了重点，看起来缺乏敏锐的洞察力，那么就不适合与之为伍。

对于年轻学者所写的书来说，小型商业出版社是比较好的出版商。一般来说，它们和规模较大的商业出版社的区别在与，不从事教科书的出版，而是集中进行学术专著的出版。在这些小型出版社中，有些出版社出版了很多书籍，但是只集中于几个学科：例如爱德华·艾尔嘉出版社（Edward Elgar）重点出版社会科学书籍，特别擅长出版经济学和环境研究方面的书籍（www.e-elgar.co.uk）。和规模较大的出版社相比，它们不太愿意跨越人文领域和社科领域之间的边界，不过 I. B. 陶丽斯出版社（I. B. Tauris）是独立的出版社中的一个有趣而罕见的例子，它每年出版人文和社会科学领域内的书达 175 种（http：//www.ibtauris.com）。

这些小出版商也需要从你的书上赚上一笔利润，并且它们对那些销售量不可能很大的书籍一般会比较满意。不过，它们会通过降低生产成本来部分地解决这个问题。他们会要求你提交用激光打印机打印的、已经排版好的文本①。"完成"的标准是完全可以接受的，但是制作文本的过程，例如在规定的页边距之内打印文本，是非常琐碎而费时的。它们送出去用于评议的拷贝也比别的出版社少，以免出现一本书只卖了 300 本，却送出去 100 本的情况。不过，这对你的书籍受到评议的机会并没有太大的影响，因为送往诸如《经济学人（Economist）》、《旁观者报（Spectator）》、《展望（Prospect）》等一般性周刊的学术书籍很少得到评议。

所谓的虚名出版社（vanity press），是一种向作者收取出版书籍花费的全部或者部分经济成本的商业企业。作者转而免费得到该书的若干本。这种出版社经常出版名不见经传的人撰写的家族历史、自传或者关于一些乖僻的爱好的书籍。学者们显然应该对这种出版社敬而远之。不过，有些学术书籍出版社的名声也不太好，被人们称为"学术虚名出版社"。其实这个词用得并不恰当，因为它们虽然不支付版税，但是也没有向作者收取费用。从它们经常出版一些非常专业、只是学术水平不高的书籍这个意义说，上述称呼也是不公平的。不过，如果你要在这种出版社出版著作，那么与在其他地方出版相比，不管内在质量如何，它都不会受到太大的推崇。要通过浏览出版社的网站、出版书籍的目录以及和比较资深的同事讨论它们的声誉，来了解那些可能与自己合作的出

---

① 原文是"camera-ready copy"，字面意思是"可以直接用相机拍照的文本"。这是因为在电子版论文出现之前，只能用打字机把论文打印出来，用纸质文本投稿。出版的时候，出版商先用相机把纸质文本拍照，再制版印刷。这就要求投稿的论文是已经排版好的，这样出版商可以直接拍照制版。虽然目前已经普遍用电子邮件投稿，但是"camera-ready copy"这个词却沿用了下来，意思是已经排版好、可以直接制版的文本——译者注。

版社，这是很重要的。

3）和出版商接触

一个重要的建议是，在尽量找到出版商之前，不要动手写书。否则你会发现，没有出版商对它感兴趣，因为它在商业上不可行，而你则浪费了大量的时间。出版商们不希望在自己决定是否出版之前，就看到一本已经完成的书稿（或者如果在这一手稿完成之前，它们推迟了要约，则意味着它们对于是否出版抱有疑虑）。虽然你很幸运地被认定是一刻冉冉升起的学术新星（就像 Ann 能和剑桥大学出版社合作一样），但是找到一家出版商通常都是不容易的，可能需要花费不少的时间。正如 Ruth 所说："当时我已经准备好把它当成一个艰难的过程了。"

往往是在学术会议上，与出版商或丛书编辑进行非正式的讨论时，机会飘然而至，这种机会是很值得抓住的。Lucy 的第一本书就是在"一个教授主编的一套丛书中出版的，我在一次学术会议上遇到这位教授，和她聊了聊关于研究项目的事情，她说'听起来它似乎适合放到一套丛书里，为什么不给我们呢？'"你所在的院系或者大学里可能也有人在编辑相关的丛书。不过，为了找到一个出版商，常见的做法是"突如其来地拨打电话"。出版商通常会在自己的网站上提供指南，详细地列出他们要求潜在的作者提供的信息。对于不同的出版商，这些要求各不相同，但是通常都希望作者提供书籍的提纲、一章或几章的样本，以及一个填好的表格，里面列出系列话题的信息，尤其是该书的销售潜力。在综合这些材料的时候，要注意在强调该书的特点和过于自夸之间，要有所平衡，这是很重要的。出版商不会相信你过于夸大的销售量。如果该书可能在某些特定的市场上销售得很好，那么要尽量专门对其描述，就像要尽量描述书中与众不同的学术成就一样。在人文领域，百年纪念日（例如某人的出生、逝世、某部著作的出版）是一个很好的时机，可以就此写上一部专著。

你提交的材料通常会被送到出版商内部你所在学科或研究领域的责任编辑那里，以及学术丛书的编辑那里（如果有的话）。有时候，责任编辑会负责不止一个学科，这取决于出版商的大小和它的内部结构。在主要的大学出版社里，最终决定是由指导委员会作出的（supervising committee），责任编辑拥有的自主权较少。不过，总体上说，责任编辑对自己负责的学科是非常熟悉的。的确，他们对该学科的研究进展的了解，可能比许多学者还多，并且自己也是学科中的重要人物。对该学科的最新进展和发展趋势的了解，是他们积累的知识的一部分。

如果责任编辑认为该书有机会在学术上和商业上取得成功，就会把它送给更多的评议人员，征询他们的意见。这些评议者往往是该学科内比较资深的学者（对于出版丛书的情况，正常情况下，编辑之一会充任评议员）。出版商会就该书向他们提出一个标准化的问题列表，要求他们回答，但是也会指出那些他/她关心的、认为应当在评议报告中提出的问题。

责任编辑常常会指明他们希望收到读者作出的哪些答复：例如，他们暗示自己对该书兴趣盎然，希望作者能积极支持他们在内部使用。虽然评议者会指出该书的学术优点和缺点，但他们也会对可能的市场前景作出评论。经验丰富的评议员对自己所在学科的学术图书市场的了解，常常几乎和出版商一样深入。即使评议员们推荐说该书应该付梓，他们也常常会就如何改进该书提出建议。

如果责任编辑认为该书原则上值得出版，他/她会给作者写信，并附上评议员的报告复本（或者从报告中抽取的一部分内容）。他/她会要求作者就评议员的评论作出答复，通常会指出那些他/她特别关心的问题。你要仔细地考虑如何作出答复。你必须在出版商关心的问题和自己捍卫该书的完整性的意愿之间加以权衡。这些评论通常都是非常有用的，有助于把书修改得更好，虽然其中也会有一些商业上的考虑。例如，出版商可能会问（这是个真实的例子）是不是可以在书中插入一些关于澳大利亚的资料，以便使该书在澳大利亚市场上更有吸引力。对于这些问题，以及一些比较学术的问题，通常都有讨价还价和相互妥协的余地。不过，如果出版商想从根本上改变这本书的特色或重点，那么作者可能认为这是一个非常误导性的曲解，自己最好是另找一家出版商。

如果出版商准备和你签订一份合同，那么在合同中写清楚为了把书销往重要的美国市场需要作哪些规定，是很有好处的。大多数出版商在美国都有一个"经销商"，但是这加起来也不会多卖出多少，只不过是送去有限的几本拷贝，卖给需要的图书馆，以及放在大型学术会议的展览台的灰暗角落里。询问一下出版商将如何在美国推销这本书，是一个好主意。它会被放在"美国"类图书的目录里面吗？会为其印刷一张和美国市场一致的、单独的活页广告吗？经销商在美国大型学术会议上的形象如何？如果出版商不通过自己在美国的办公室和运营部进行经营（就像主要的大学出版社所做的那样），那么最好的安排可能是在美国寻找一个合作出版商，由它积极地推销这本书。不过，如果美国市场对你确实很重要，那你一开始就应该考虑寻找一个美国出版商。

人们不应该期望从一部学术专著中赚到很多钱，或者赚到钱。真正的经济收益将来自书籍对你的努力——努力得到一个固定教职，或者进入更好的大学任教，并最终晋升为高级讲师——所作的贡献。如果你注重优先最大化短期的经济收益，那么你应当撰写一部教科书，或者承担一些咨询工作（虽然在某些学科里，后一个选择的机会比其他学科更容易获得）。不过，收到你的第一本书的第一本样书，捧在手中翻来覆去爱不释手的时候，一种真正的满足感会油然而生。

这并不意味着在签订合同之前，不必认真阅读。即使真的能支付版税（有时候在卖出一定册书的书之后才会支付版税），通常也是在"净收入"的基础上——扣除给开发商或其他经销商的折扣之后，出版商得到的经济收入的一个百分比——支付的。对于学术专著，通常先印刷一个硬壳精装本，然后可能会印刷一个软皮平装本，因此也要检查合同中关于平装本的合同条款。另外，检查一下有关电子版本的条款也是很重要的，目前电子版本也变得越来越重要了。如果你有任何疑虑的话，那么一定要向出版商提出来。最后重要的一条是要和出版商商议一个切实可行的交稿日期。严格地说，如果你没有在协议日期以令人满意的形式提交书稿，那么合同就没用了。但是出版商很少因为这个原因就撤销该书，但是拖延太久会使他们将来不愿意再和你打交道。另外还应该记住，对于出版商来说，编制书籍分类目录的日期是一个重要的期限。可以理解，出版商不喜欢那些信誓旦旦地向他们保证书稿差不多就快写完了的作者，因为他们不得不向客户解释自己目录中列出的一本书其实还没有印刷。

4）出版博士论文

年轻的学者在其学术生涯中必须及早作出的一个决定是，是否要把博士论文作为一本书出版，或者拆成几篇论文发表，或者根本就不发表。这部分地和所在学科有关，在像经济学这样的学科里，博士论文能不能构成两篇发表在备受推崇的期刊上的优秀论文的基础，是判断论文水平的首要标准。这部分地取决于博士论文的内容和结构。不过，在大多数情况下，你要在出书和发表论文两者之间选择一个。这部分地是因为时间有限，你急需启动下一个研究项目，以提升自己的地位。另外，如果论文中创新的、引人注意的地方大部分已经作为期刊论文发表过了，出版商对你出书的计划可能就不太感兴趣了。

可以理解，对于把博士论文改成图书出版的计划，出版商总是小心对待。的确，有时他们会就该论文向评议员们额外提出一系列问题，要求答复。

博士论文具有特定的格式，学生必须满足其中的很多要求，以便显示自己已经掌握了一系列特定的技能。博士论文关注的问题通常相对较为狭隘，往往包括相当多的文献综述，以及覆盖了作者相对熟悉的领域的理论探讨。博士候选人需要写入这些内容，以便使评审专家相信自己对该领域的学术研究了如指掌，但是书籍的读者也许对该领域已经相对熟悉，不需要再从头开始读上一遍。的确，在任何一本书中，在你能设想读者已经具备的知识量和充分解释自己的研究方法的必要性之间，都存在着矛盾。另外，我们承认复杂性是学术论文的一部分，但是你必须培养简洁的写作风格，不应该以一种让读者感到困惑不解、混乱不堪或者厌烦不已的方式来表达复杂性。

在博士论文的核心章节中可以找到原创性内容，但是这些也许不足以构成一部书。正如 Lucy 所说的："如果你打算在一个很烂的出版社出版的话，是很容易的……但是要在好的出版社出版，是非常困难的，除非你准备对它作重大的修改。"因此，即使你以自己的博士论文为基础，签订了一份书籍出版合同，你也会发现为了出版而重新研究它是令人疲倦的，正如 Zoe 所做的：

> 这非常不容易。我实实在在地花了一年时间来修改，把它从博士论文删减成一本书。这确实不是一件非常有趣的事情，只是在重新检视以前做出的成果，非常没意思。在那种情况下，你知道自己这么做只是为了出版，不像进行新的研究那样令人兴奋。

有一种观点认为，不要在博士毕业论文上花太长的时间，应该开垦新的研究领域。正如 Lucy 所评论的："我不想把博士论文修改成第一部学术专著，只是因为我觉得，我对以前做的研究，不像对现在所做的研究这么有理解力。"还有一种选择，就是暂时把毕业论文搁置一段时间，然后再重新审视它，进行更多的研究，把它加以拓展。这样做可以克服出版商经常提出的、关于论文的重点太过狭隘的缺点。不过，在大多数情况下，最好的策略也许是从博士论文中分拆出一些论文发表在期刊上，然后去面对新的、更加激动人心的挑战。

5）编著书籍

编著或者与别人合编（co-edit）书籍的机会可能会不请自来。对于这样的机会，需要非常细心地加以评估。第一，对于出版多人合作完成的（multi-contributed）书籍，出版商不是非常热情，因为和单人独著的或合著的（co-authored）书相比，这种书销路不太好。潜在的购买者可能会认为各个作者的水平参差不齐，导致他们宁愿把自己特别感兴趣的那些章节从图书馆的藏书中复印下来，而不是买上一本。和所涉及的工作量相比，编著者的经济收益是很低的。第二，如果所编著的书籍并不仅仅是要把关于某一特定事件出现的论文编辑成册，那么常常有很多工作需要做。还需要鼓励各位参编者把自己的论文改写一番，去探讨该书的核心主题，虽然他们可能很不情愿这么做。主编需要撰写一篇关于该主题的导言，也许还要撰写结论。整个过程可能令人非常沮丧，因为这样的书籍往往会因为某个参编者拖延交稿而被推迟，又不能把他写的部分砍掉，因为它对全书的完整性起着至关重要的作用。与此同时，那些按时交稿的参编者会怨声载道，因为他们所写的章节已经过时了。第三，编著书籍在 RAE 中的分量很小。这是非常不幸的，因为如果编著得好的话，它会成为一项高质量的、令人激动的工作，会对推进特定的主题或争论做出相当大的贡献。编写一本书的机会成本可能很大，因此在你学术生涯的较早阶段，在接受这样一项任务的时候，需要三思而后行。

6.3 学术期刊和其他论文

任何想在只从事教学的机构之外的学术生涯中做出一点成绩的人，都需要在期刊上发表论文。目前，在大多数学科里，对各种期刊的地位都有一个大致的排名。在某些情况下，会有明确的排名表，虽然它们经常会成为争议的话题。在很多学科中，级别最高的期刊是由学科协会出版的刊物；和英国以及欧洲其他国家出版的期刊相比，美国出版的期刊地位要高一些。不过，比较专业化的期刊，也会拥有很高的声誉。如果你努力想在所在学科的一个特定领域建立自己的地位，那么这些期刊就是比较好的发表载体。

当然，你总是可以首先向档次很高的期刊投稿，如果被拒绝的话，就根据收到的评论进行修改，然后投到档次低一点的期刊。不过，这个过程是很花时间的。这还意味着你永远不会成功地写出一篇满足任何期刊的特定要求的论文。如果该论文相对来说比较专业，那么它可能又被转回到同一个审稿人那里，而他可能不太乐意再读它了。正如 Lauren 提出的建议："必须把投稿视为发表过程的中间一步，而不是最后一步。在写作论文的时候，就要在心里想好你要努力发表到哪个期刊上。"类似地，Lucy 推荐说："我认为，尽量多地阅读期刊论文有助于你了解别人是如何向特定类型的期刊推介特定的论文的，这是很有帮助的。"

很多论文开始都是以会议论文的形式出现的，你在会议上得到的反馈是很有帮助的。但是，不要认为你必须对每一个批评都作出答复。有的评论者是在自说自话，和你关心的特定问题关系很小，或者毫无关系。在学术会议上，在答复别人对某一特定问题的持续批评时，一个最妙的拒绝方法是："好的，关于这一点，我会在这里插入一个脚注。"其他人可能只会说他们和你的理论观点不一致。他们需要的答复，并不是要你放弃自己的观点，而是要确保你能充分地理解它，能够清楚地加以解释，并且面对一些常见的批评时，能够自圆其说。要坚持自己的观点，这是很重要的，因为期刊不会对那些只是重述人们普遍接受的、老生常谈的观点的论文感兴趣。

总体上说，向自己学科之外的期刊投稿会带来特别的风险，不仅要完全了解期刊的特定期望和要求（例如如何给出证据和观点），还涉及该期刊在 RAE 中的地位。有时候，覆盖好几个学科领域的研究期刊反而不如比较专业的期刊地位高，但是却适合发表跨学科的论文。不过，也有一些跨人文和社会科学——例如政治学和历史学、哲学和文学研究、社会学和地理学等——的期刊受到很高的推崇。

研究一下你要投稿的期刊的要求是很重要的，不仅包括技术要求（是用哈佛文献标注体系还是用脚注①、投稿的方式等），还包括该期刊对论文长度的特别要求。当然，有的期刊不仅发表论文，还发表研究注记（research notes）和评论，对于新人来说，这两者可能是一种特别合适的发表方式。但是在你的履历上，它们不能代替完整的学术期刊论文。如果你的论文过长，可能很快就被拒绝，因为编辑不想去麻烦那些忙碌的审稿人。如果论文太短的话，那么编辑可能会建议将它以研究注记的形式再投一次，因为也许一开始就应该这么做。如果该期刊要求写摘要——就像几乎所有有声望的期刊所做的那样，那就值得花点时间写上一个，因为它要求你用精炼的语言讲清楚论文与众不同的观点和价值。要确保你的论文中没有语法错误、拼写错误和打印错误，布局合理，编好了页码，并且引用的所有文献都得到了标注。审稿人通常不喜欢看到论文中有匆忙完成的痕迹——这可以从粗糙的表达中反映出来。

五个常见的错误

本书作者为学术期刊评议数以百计的论文的经验表明，作者们经常会犯五个错误，其中有一些是经验不足的作者特别容易犯的。

第一，作者们花了太长的篇幅才步入正题，这里指的是他们不得不阐述那些新颖的、与众不同的观点，不管它是理论方面的、方法方面的，还是实证发现方面的。论文中总是对现存的文献作过多的综述，这是学界新人们特别容易犯的错误，因为他们有刚刚撰写过博士毕业论文的经历。必须承认，这种做法得到了一些期刊和他们的审稿人的鼓励，尤其是美国的期刊，它们希望每一篇相关的文献都被提及。对那些已经功成名就的学术权威的著作避而不谈当然不是个好主意，因为他们可能就是审稿人。但是，那些时间紧迫的审稿人可能会因为论文对自己熟悉的领域所作的文献综述过长而心怀不满。

第二，这个错误也是经验不足的作者特别容易犯的，即他们有一种倾向，

———————————————

① 在学术著作中，在正文中提到某一参考文献时，主要有两种标注方式：一种是用脚注，在脚注中写上有关的参考文献；另一种是全球普遍采用的哈佛文献标准体系（Harvard system of referencing），即用"作者，文献发表年份"来表示，例如"Moran（2005）"就是如此，有时候会带上页码，例如"Dunleavy（2003，p. 7）"和"Lewis 和 Hills（1999，pp. 107–8）"。读者可以根据作者、年份等信息去正文后面的参考文献中查找该文献。另外还有两种方法，一是"作者，文献标题"，一是尾注，但都很少用——译者注。

对该领域内现有的泰斗们要么过于恭敬，要么藐视或刻薄。如果你采用的是第一种行为，那么你将无法阐述有助于你确立自己的观点的那些要点。但是，如果你认为他们的观点是"过时的"或者"不再可信的"而不屑一顾，而审稿人正好是你所攻击的学派的一员的话，那么他将立即挺身而出，进行辩护。然后他们会要求你写上一篇很长的文章来详细阐述你的立场，而这实际上会削弱你的核心观点。

第三，在使用适用于你所在的学科并被你的学科接受的那些专业术语时，写得清楚明白是很重要的。有时候人们似乎认为惜墨如金的写作方式本身就是学术严肃性的证据。把自然科学和人文与社会科学在这方面的做法加以对比，是很有趣的。作为和自然科学的一个联合研究项目的一部分，一些从事生命科学的同仁们被要求阅读一些发表在社会科学期刊上的、备受推崇的论文。他们惊讶地发现，和自然科学中采取的井然有序的写作风格相比，这些论文是如此地注重细枝末节和东拉西扯。有时审稿人会觉得作者总是在离他的核心观点不远的地方绕圈子，但是总也说不到正题上。

第四，结论往往是一篇论文中最令人失望的部分，而不是提升论文的质量，直到最终的升华。优秀的结论是不容易写就的，尤其是结尾的句子。审稿人经常感觉作者写到结尾的时候，已经是强弩之末，筋疲力尽了，或者已经没有时间和空间可以发挥了，只好把事后想起来的一些结论性的话揉在一起。对于结论的写作，应当非常仔细才是。在结论中，应当把论文的要点融合起来，指明它们的重要性，并对未来如何开展研究提出建议。

第五，不同的期刊和不同的学科所允许和鼓励使用脚注的程度是不一样的。但是，即便把它们视为展示你的学术渊博程度的一种手段，也要尽量少用。如果读者不得不不断地去查看页末或者论文结尾，就会打断他们阅读的流畅性。还有，如果读者发现在大量的脚注中包含着非常重要的观点或证据，会感到无所适从。对于任何重要的脚注，一个好的办法是，扪心自问一下它是否如此重要，应该包括到正文中去，或者它是否如此不重要，可以删掉而不会影响论文的观点。

当期刊的编辑或者编辑小组收到论文的时候，通常作出的第一个决定就是，是否把它送交给审稿人。论文的长度可能不合适，和杂志的定位关系不大，或者其内容不够学术。在作出这样的决定之前，有时会咨询编辑委员会（editorial board）的一位成员的意见。在任何情况下，都会相对较快地通知你结果。这种迅速拒绝并不意味着论文的水平不够高，只是意味着你投错了刊物。

向期刊投稿令人沮丧的方面之一是要花很长时间才能收到最后的决定。论文被期刊送交给两个或者三个审稿人评审，而他们可能每个月要评审好几篇论文。这种工作需要非常细心，不慌不忙。编辑必须得到最后一个审稿人提交审稿报告。然后，编辑面对的审稿报告可能相互矛盾，这要求编辑进一步考虑，并且可能进行更多的咨询。

论文被直接拒绝，对于作者来说可能是一个沉重的打击，在学术生涯的早期阶段尤其如此。重要的是不能过于灰心丧气。正如 Luke 回忆的：

> 如果人家把你拒绝了，不要太灰心。我只有过一次被直接枪毙的
> 经历，感觉像一个极大的打击。审阅并不是一门完美的科学。

不要认为被拒绝就表明你采取的策略不对，这是很重要的。正如 Lucy 评论的：

> 我投出的第一篇论文遭到了严厉的批评。最后很多人会觉得论文
> 不甚完美，自己压根不应该寄出去，并因这个想法而不敢再投稿。我
> 则投了很多出去，有很多被接受了，很多被拒绝了。

即使编辑驳回了有利于你的、推荐发表你的论文的审稿报告，也不要试图挑战编辑们已经作出的决定。要他们改变自己的决定，无异于与虎谋皮。埋怨该决定是站不住脚的或者是不公平的，会有损于你在该学科的领袖人物心目中的形象，并且在任何时候，编辑们都不愿意与对他们的决定感到不满的作者通信。

发表一篇经过评审的期刊论文可能要花很长时间，但是坚持不懈自然会有回报，不仅会最终发表，而且会把论文修改得更好。正如 Amy 所回忆的：

> 我们最初认为一篇会议论文会被收入到会议的论文集里面；在
> 我们为此补写了一些内容的 6 个月后，他们通知我们说不能收录
> 了。所以我们只好改掉了整篇论文的重点，把它投到一个期刊去。
> 我们认为它发表的机会很大，然后大约 8 个月之后，它被否决了，

于是我们又投到另外一个期刊，我们再一次改变了论文的重点，并且还不得不改动参考文献。它被接受了。虽然发生了这么多周折，但是它现在比以前要好多了。整个过程用了大约 3 年，确确实实改变了论文的方向。

你的论文不可能被直接接受。最终得以发表的论文中，大多数不得不经过修改和再次投寄的过程。各个期刊的做法各异，但是通常来说，为了避免不必要的工作和导致作者失望，编辑会指示审稿人不要给出修改或投寄意见，除非该论文确实有发表的可能。有的期刊会要求审稿人在答复表格中写明要求进行多大程度的修改。对于作者来说，再次投寄的过程也不轻松，正如 Zoe 所写道的：

> 当论文被接受，但还需要修改的时候，你只能咬紧牙关接受这种改动，即使有时你很难接受，因为你采用了特定的方式来写这篇论文，认为这才是应该采用的方式。但是如果你想把它发表出来的话，有时你不得不按照他们的想法来修改。不得不修改你自认为已经大功告成的东西，总是让人感到难受。

这并不意味着没有商量的余地。的确，很多时候，不同的审稿人出具的审稿报告是相互矛盾的，这时编辑往往会暗示哪些修改是他们认为可有可无的，哪些修改是他们坚持认为必须进行的。在那些最难应对的批评中，有些和论文中省略的内容有关，而不是和你写出的内容有关，因为他们要求在论文中大量增加内容，这意味着你不得不删掉其他内容，结果整篇论文的结构就散架了。这样就导致一个风险，即再次提交的论文实际上比原始版本变差了。如果你收到了编辑部要求修改并再次投稿的决定，那么要仔细地进行答复，而不能只想着赶快设法把这件事情解决掉。即使你能够相对比较快地按照要求进行修改，那么过快地再次投寄可能暗示着你考虑不够周密、过于匆忙。如果你发现在所要求的修改中，有些难以进行，或者有损于你的学术品行（intellectual integrity），你就需要仔细考虑该如何应对，要征求同行们和比较资深的同事的意见（虽然后者可能会先入为主地认为应该不惜任何代价地发表出来）。如果你最终不能和编辑达成一致，那么你只好捍卫论文的完整性，不在该期刊发表，虽然在 RAE 的压力之下，这么做是很不容易的。

有时候论文会受到质疑，编辑通常会允许你就此发表一个答复。编辑常常喜欢鼓励学者们就他们发表的论文进行讨论。不要因为你的论文引起了质疑而忧心忡忡。这表明你的论文是有影响力的，人们认为值得对它作出反应。如果质疑者的文章的一些优点，能导致你修正自己的观点，你就要认真地加以考虑。在学术上展示出灵活性没有什么不对。反过来，也要敢于反驳别人对你的观点的错误理解和错误阐释。鉴于对你的回应在篇幅上会有所限制，因此应该尽量集中在论点的关键点上，而不是细枝末节。这种讨论会吸引更多的人关注你的作品，你会逐渐被看作是一种特定观点的代表。

目前，基于网络的期刊越来越常见。所谓基于网络的期刊，指的是只以电子形式出版的期刊，以便和越来越容易得到的、期刊和论文的电子版形式相区别。一般而言，这种期刊不如那些以纸质形式印刷出版的期刊那样受推崇，虽然这部分可能是因为电子期刊是最近才出现的。这种期刊的一个优势是，它们通常能够比较快地把论文发表出来，因此如果你写了一篇特别贴近时事的论文，那么它们可能是一种合适的发表方式。它们还和新兴的、崭露头角的思想流派联系紧密，因此，在这样一个代表着未来发展潮流的群体中确立自己的声誉，在长期内可能会有所裨益。要弄清楚投向某个特定的电子期刊的论文是否也要经历像大多数印刷出版的期刊那么严格的同行评议过程，这一点是很重要的。只在基于网络的期刊上发表论文是不明智的，虽然它们的声誉会随着时间的推移而上升。不过对于某些论文来说，它们可能是最合适的发表载体。

在某些情况下，在那些不需要审稿但读者（特别是从业人士）众多的期刊上发表论文，可能是一种合适的选择。与此特别相关的是法律和社会政策这样的学科，在这种学科和一个由从业人士组成的明确的圈子之间，存在着一种明显的关系。就这方面而言，各个学科的情况可能各不相同。在政治学领域，公共政策专家们很期望通过期刊——从准学术期刊到政界的内刊——向政客们发表见解，而一个研究中世纪政治理论的专家则不太有兴趣和机会面对这样一些听众。在很多学科里，都有针对16到18岁、正在为进入大学而埋头苦学的青少年们出版的刊物。这种文章常常会支付一点儿稿费，如果你能就自己熟悉的课题相对较快地写就的话，还是值得一试的。另外，你还有机会给报纸和流行杂志写稿，他们支付的稿费更多一些。但是，参与广播媒体工作的缺点，对这里也同样适用。过多地写作此类文章会引起同事的嫉妒，他们会质问你的工作态度是否严肃。一篇发表在花里胡哨的副刊上的关于简·奥斯汀（Jane Austen）的文章，就不像发表在著名的学术期刊上的同样的文章那样受到认可。

6.4 其他发表方式

在 RAE 的框架下，作为一种发表方式，图书中的章节有时会受到不公平的嘲笑；但是，主要的研究性大学里的首屈一指的学者们还是愿意撰写书中的章节。它的一个优势是，发表是相对有保障的，因为相对来说，应邀撰写章节通常不太可能被编辑直接否决掉。你可能会面临的一个两难困境是，要求你把一篇会议论文改写成书中的一章的人，是否是一个学术名宿。需要牢记在心的是，编辑希望你在多大程度上修改已经写好的论文，以便适合该书的主题。这不仅提出了工作量的问题，而且提出了你在论文中阐述的要点会被稀释到什么程度的问题。另一方面，它会带来一个机会，即既可以撰写出书中的一章，又可以以论文为基础修改出一篇期刊论文。但是，如果在你的履历里，书中的章节所占的比重比期刊论文大的话，那么对你申请工作是没有帮助的。另外，还值得铭记的一点是，编著的图书要花很长时间才能出版，如果你所使用的资料会过时的话，这一点就特别重要。

撰写书评是让你自己声名远播并且不花钱就能拿到图书的一个好办法。许多期刊非常热情地鼓励比较年轻的学者们撰写书评，因此可以把你的研究兴趣详细地提供给它们。书评长短不一，从 200 字（甚至更短）的读书笔记——此时除了概括该书的主题特色，并对其价值进行简短的评论外，就无法写更多的东西了，到 800 或者 1 000 字的较长的书评——此时就可以写出对该书比较连续的批评，并将其放在更宽泛的框架下讨论——这两者都有。如果有人邀请你撰写一篇针对很多相关书籍的评论文章，那这种机会就更加值得抓住。这种文章会比较长，也许有 2 000 到 3 000 字，它会有较大的影响，引起的关注要比读书笔记大得多。但是，这种应邀写就的文章无法代替期刊论文，在 RAE 中尤其如此。如果你写过很多书评，那么不要用它们来填充你的履历，因为人们不会非常看重它们。如果你为之撰写书评的期刊是备受推崇的,那么列出这些期刊会更加令人印象深刻。

有时你会被邀请为百科全书撰写词条,包括一般的百科全书或者学科内专门的百科全书,可以称之为"词典"。

一般的百科全书往往有非常专门化的、关于应该如何撰写词条的指引,要把自己的风格调整到符合它们的要求可能非常困难。另外,精确性也是非常重要的。学科的专门词典通常要求撰写也许只有100字的较短的词条,这是一个特别的技能。如果你能够做到行文简洁,并且能把你的写作风格调整到满足特定的要求,那么所得到的报酬会使这种工作显得很划算。但是,这种事情不能做得太多,因为这种努力给你带来的学术收益微乎其微。就像对所有次要的(secondary)发表方式一样,把撰写科研专著和期刊论文之外的其他工作的机会成本考虑在内,总是一个明智的做法。除此之外,不要屈服于邀请的诱惑去参与编写百科全书。因为参与者众多,协调成本非常之高,并且会大量侵占你的时间,结果使你灰心丧气。

现在,网站日益成为将你的作品传播给更多读者的一个重要方式。出版商越来越多地要求书籍要有网站配合,研究理事会则可能坚持把设立网站作为拨付研究经费的一个条件。如果你所在的院系给你分配了一个网页,那么就确保上面提供了对你研究兴趣的简要介绍。如果可能的话,就把一些已经发表的作品放在上面以供下载。在把尚未完成的作品放在网上的时候,需要非常谨慎。网站可以成为吸引专业之外的人,包括决策者和媒体,关注你的有关著作的一个有用手段。它们会提供一个以一种比较轻松的、非正式的方式介绍你的著作的机会。如果你对咨询工作感兴趣,那么网站可以使潜在的客户们知道你的兴趣和专业知识。

6.5　合著

在你的整个学术生涯中,和各种发表形式相关的合著机会会不期而至。需要铭记在心的一条黄金法则是:要避免出现自己的履历上的所有作品几乎都是与人合著的情况——这种情况比我们假想的更加常见。这样一份简历,可能会使未来的雇主认为你没有发出自己与众不同的声音,你的很多作品都是向别人提供研究资料，然后由他们撰写成文，虽然事实并非如此。不过，履历上没有任何与人合著的作品，可能意味着你不太善于与别人精诚合作。

要牢牢记住一个重要的规则，即合著提供了这样一个机会：所创造出的作品，超过其各部分的简单加和。当你和一个能够提供与你互补的技能的人合作的时候，这种关系运行得最好。例如，他可以是来自另一个学科的学者，可以是一个能够把理论著作应用于你不熟悉的分析工作的学者，可以是一个来自外国、可以对比较研究作出贡献的学者，或者是掌握着与你自己拥有的资料互补的实证研究资料的学者。重要的是，你们之间要协商一致，进行清晰的劳动分工，并且制定一个完成工作的大致时间表。

电子交流大大地降低了合著的成本，在两个国家之间尤其如此，但是大家济济一堂，面对面地讨论工作，是什么也代替不了的。在一起撰写一本书的时候，这样做尤其重要。避免各章节在风格和方法上貌合神离，也是很重要的。

有的作者必须撰写一些章节的全部或部分底稿。不过，合著得最好的书籍，通常是由作者们一起协作、潜心地修改手稿完成的。这样得到的回报可能相当大。正如 Lucy 所评论的：

> 一旦你在所在的领域内交了知心朋友，最好的著作就要横空出世了。我正在和别人写一部书，这真是一种绝妙的经历；他只是我在一次学术会议上遇到的。

在合著者出现的过程中，因缘际会将起到重要的作用。有的合同只是相对临时的，并且只限于一本著作。其他一些合同则可能导致双方终生合作。你如何才能选出一个合适的合作者呢？特别是，和一个与自己同样地位、资历的学者合作相比，和一个资深的、功成名就的学者合作，其优势和劣势是什么呢？

资深的学者可能拥有较多有助于发表的合同，但是你会发现自己承担了出版一部书要做的大部分工作，却被对方分走了一半功劳。的确，鉴于资深学者的地位，人们会认为是他们作出了主要的贡献。当然，也可能发生相反的事情：资深学者发现自己的名声被学界新秀们利用了，后者又希望他们承担大部分工作。和一个地位、资历相当的人合作，你可能会感觉舒心得多，如果你们分享了一个新的观点，或者你的学科中一个新兴的研究领域，就更是如此。

的确，在这方面，你不得不进行个人判断。和一个比较资深的、与你在学

术上志趣相投的、稳重可靠、善于合作的并且能在学术上与你平等相待的学者
应该有可能合作得非常好。很多资深的学者由衷地希望偿还在他们学术生涯的
早期阶段所得到的帮助。反过来，对那些人格不可靠、过于看重自己的地位、
随时准备占有年轻同事对新观点的理解的资深学者，你必须敬而远之。他们的
名声常常会先声夺人，令人仰慕，但是受到一位更加资深的同事的注意，也可
能会使他们飘飘然。

　　和地位、资历相当的同仁合作的时候，要尽量确保他们是可以信赖的、拥
有良好的工作习惯，这是很重要的。这并不是指他们的办公室是否井井有条，
因为表面上的混乱无序之下可能掩盖着内在的秩序。更加举足轻重的是，他们
是否愿意承担很多的工作，他们能否合理有序地规划工作。此外还有必要考虑
他们对特定的事件是否坚持己见、刚愎固执，这可能会使合作变得困难重重。
对待合作者不必要特别友好，因为你们之间的关系本质上是一种工作关系；不
过在协同工作的过程中，友谊可能会油然萌发。

　　是否要和一位搭档合作撰写书籍，只有你自己才能决定。工作会被个人关
系中的矛盾打断，并且会给双方的关系带来新的矛盾。反过来，两人共同进行
一个项目，会产生一种强化效应（strengthening effect）。在一起工作和共度闲暇
的基础上，有些关系会繁荣、升华，但是即使在一种亲密的关系中，很多人也
喜欢保持一定程度的自主性和一点自己的空间——最常见的是一个工作的空间。

6.6　发表中的技术工作

　　发表书中的章节或者期刊论文所涉及的技术工作相对比较简单。就书中的
章节而言，校对工作通常是由编辑进行的，期刊论文的校对工作则必须由你自
己完成，但仅仅是检查打印错误，而不是对论文的内容或者风格进行修改。因
此本节集中讨论书籍的出版问题。

　　一旦你把书稿提交给出版商，并且对方同意出版，就会把它转送给一位文
稿编辑，排版以便打印，并且向你提交一份关于风格和内容方面的问题的质询
清单。答复这些质询，是图书出版过程中相当费时的一部分。你必须尽快地处
理它们，否则该书的出版就要推迟。美国的文稿编辑文化似乎与英国的有所差
异，北美的文稿编辑们对于手稿采取的是一种更加积极的姿态。的确，《纽约

时报书评（*New York Times Book Review*）》上发表的书评埋怨文稿编辑们介入得不够的情况，并非没有发生过！

关于如何与文稿编辑打交道，Luey（2002，p. 96）提供了良好的建议：

（1）这是你写的书，应该保留你的观点和总体风格。

（2）编辑并非你所在领域的专家，但是编辑是学术出版方面的专家，你应该倾听他在这方面给出的建议。

（3）不应该把编辑的修改看作是对自己的人身侮辱。

（4）你和编辑站在同一战线上，你们都希望尽可能出版一本好书。

收到书籍的校样之后，你不仅要认真阅读，查找错误，还必须准备一个索引。看待索引的一个办法是，把它当作书籍内容的一个详细列表。这是出版一部高质量的图书的一个重要部分，因为那些没有时间阅读全文但是又想了解它对于特定问题的观点的读者会经常查阅索引。编写索引是一件费时的工作，并且需要在很紧的时间内完成。当然，你可以聘请一个专门编写索引的人，但是要确保你所聘请的人深知学术著作与一般书籍的不同之处。聘请这样一个人花费的成本可能会超过你从该书上赚取的版税。或者你可以雇一个本科生，也许可以使用系里的基金来聘请，但是他/她不太可能干得特别好。

最好的索引通常是那些真正理解自己的手稿的结构的人编制的，但是他们必须牢记，索引是为读者准备的一个工具，以便使他们最大限度地利用本书。有时候会编制两个相互独立的索引，其中一个是为人名和专有名词编制的，另一个是为一般的词条编制的。的确，编制几个索引可能是出版商自己的企业风格决定的，但是一般而言，混合索引对读者更有帮助，也更容易编制。

有的出版商会就如何编制索引向作者提供指导，但是下面的建议可能也是有用的：

• 记得把你在正文中所引用的所有人的名字都包括在索引中。有的学者可能相当虚荣，会翻到索引去看看你是不是引用了他的著作。

• 要保证人名拼写正确，不要把名字相同的作者弄混淆。

• 要保证你阐述的主要理论和概念都得到了索引。

• 要保证对于你讨论的相似的事物，都在索引中以"还可参见后现代主义"这样的形式作了充分的前后参照（cross-references）。

- 对你使用的主要概念，要充分使用子条目（sub-entries）。

- 如果你的书中有关于某个特定人物的编年表和传记，那么要确保将关于他生涯的特定阶段的词条综合地按照时间这个主线排列。例如：简·奥斯汀：出生，2 页；最终病情及迁至温彻斯特（Winchester），207～223 页；与马萨·劳埃德（Marth Lloyd）的友谊，37～41 页；迁至巴斯（Bath），27～33 页、46 页；迁至乔顿（Chawton），118～121 页等。

你的著作印刷出来之后，把它注册一下，赋予公共借阅权，是值得的。如果你以前已经撰写发表过书中的章节或者期刊论文，那么你应该已经加入作者授权和版权学会（Authors' Licensing and Copyright Society，ALCS）了；但是如果你还没有加入的话，则应该加入一下（参见专栏 6.2）。

专栏 6.2

从你已经出版的书中得到最大的收益

公共借阅权

在英国，公共借阅权（public lending right，PLR）付费是公众从一些公共图书馆借阅图书而向作者支付的报酬。如果累计总金额低于 5 英镑，则不会向作者支付。付费比较多的是教科书或人文类书籍，它们会吸引公众观众。

在出版之后的最初几年里，这种付费比较高。你不能指望从中收入一大笔钱，不过在网上（http：//www.plr.uk.com）登记是免费的。

版权费

作者授权和版权学会（Authors'Licensing and Copyright Society，ALCS）为那些其著作被复印、广播或者录音的作者收集并发放报酬。复印是最大的收入来源，其报酬是由版权授权机构在随机抽样的基础上收取的。所支付的报酬包括海外复印报酬（没有给它取个特定的名称）和从诸如德国、瑞典等国家等同于 PLR 计划的机构那里收到的报酬。收到的总金额可能相当大。ALCS 从总金额中扣留一部分作为自己的运作经费，这样做会减少支付给自己成员的报酬。在网页 http：//www.alcs.co.uk 上有详细的信息。

　　当人们开始给你撰写书评时，其中有些会是批评性的。你有时可能会觉得自己的书没有得到公平的对待，"反驳一个书评没什么好处"（Luey，2002，p. 104）。期刊不太可能发表你的答复，即使发表了，也只会吸引更多的人去关注那个对你不利的书评。这样做还会给人们留下一个印象，即你是一个不知道怎么接受和面对批评的人。通过邮件与书评作者进行尖刻的交锋也是不明智的。应该尽量从书评中学到一点东西，以便改进未来的工作，但是要明白，有的书评根本就没有理解你想在书中达到的目标。

6.7　结语

1）电子出版物带来的冲击

　　电子出版物已经给期刊的出版带来了变革。现在，大多数学术期刊都是打包出售的，这使一个或一组图书馆不仅能够拥有纸质印刷版本，而且允许其成员在网上接触到论文的电子版。有些期刊只出版电子版，一般来说，它们能够较快地出版论文，但是它们受到的推崇比不上那些地位显赫的期刊。为图书馆购买期刊所花费用的增长速度一直比通货膨胀率要高得多，这引起了完全采用新的出版方式的呼声。传统的期刊订购模式，有可能最终被一个由作者付费发表论文、论文的内容则可以免费地从网上下载的体系取而代之。这听起来像一种新形式的虚名出版，但是这些费用可以由大学来支付，而大学则节省了订购期刊的费用，或者节省了研究经费。不过，这种费用可能是巨大的。下议院科学与技术委员会（the House of Commons Science and Technology Committee）已经建议要求大学保证它们所有的研究论文都可以免费从网上下载，并且政府资助的研究拨款委员会应当把免费得到研究发现作为进行奖励的一个条件。为了应对 RAE 带来的压力，出版形式的任何变革都将不得不保留完整的同行评议过程。

　　就图书而言，"我们正处在自卡克斯顿（Caxton）发明印刷术①以来，内

---

　　①　这里称卡克斯顿发明了印刷术，显然是不对的。不过威廉·卡克斯顿（William Caxton，约1422—1491 年）的确是英国历史上第一位引入印刷术的人。他是英国一个靠经商起家的大富豪，也是个文学家。1469 年 3 月，他开始翻译 Raoul Le Fevre 的《特洛伊史回顾》（*Recuyell of the History of Troy*）等书，朋友们纷纷索要译本。卡克斯顿不得不雇用抄写员，再加上自己亲笔手抄，送给朋友，但是仍然供不应求。而在此之前的 1450 年，日耳曼人谷登堡已经发明了活字印刷术。卡克斯顿得到这一消息之后，于 1471 年专程前往科隆学习印刷术，1474 年回到英国，在布鲁日建立起英国第一个印刷厂。1475 年印刷出了世界上第一份英语出版物《特洛伊史回顾》。印刷术的引进对英语的发展、成熟和传播起了巨大的促进作用——译者注。

容创造和出版方面的全球最大的革命浪潮之中"（Charkin，2005，p. 2）。虽然大多数书籍仍然是以传统的纸质形式出售的，但是我们越来越容易购买到书籍的电子版。出版商们把书中一些章节作为样板放在自己的网站上，吸引读者购买这本书。数字化革命将会如何发展，还需拭目以待；它部分地取决于人们对Google 把图书数字化并使之可以从网上下载的计划的合法性和其他方面的争论。随之产生的问题包括："网上"和"网下"是相互分割的市场吗？"按需出版"和"永不绝版"会成为未来出版市场的影响因素吗？图书出版行业会重蹈音乐行业的覆辙，变成非法传播和下载文化吗（www. googledebate. com）？更多地使用数字技术会使消费者受益，但是它们会进一步侵蚀作者的利益吗？

2）评价标准（metrics）与 RAE 的未来

科学和技术署（Office of Science and Technology，OST）的公共服务协议目标要求它展示出英国学术研究基础的健康程度，包括英国学术研究的国际地位。OST 认为，英国学术研究基础的质量应该用引用率数据（citation data）来衡量，虽然"知网（Web of Knowledge）[①]覆盖的范围严重偏向美国，更一般地说，严重偏向英文期刊"（Dunleavy，2003，p. 230）。不过，政府倾向于偏爱定量的数据，即便它不甚完美。艺术与人文研究理事会（Arts and Humanities Research Council）成功地指出基于引用率的方法不能应用于艺术和人文领域，并被要求创造一种方法取而代之。它提出了把期刊参考文献列表的方法，这一方法可以计算出在那些具有国际地位的期刊上发表的论文中，英国所占的比例。在实际中，开发这样一个列表可能相当困难，但是一旦成功，它理所当然地会对人文领域的顶尖刊物产生影响。

总体上看，评价标准的使用，倾向于使期刊比其他形式的出版物更具优势，进一步把人文和社会科学推向一种自然科学的模式。然而"多数期刊论文在发表 5 年之内无人参考引用，并且很少有论文被参考的寿命超过 5 年"（Dunleavy，2003，p. 230）。在人文和其他许多社会科学领域，对研究专著的推崇一如既往。

---

① 知网（Web of Knowledge，http：//www. isiwebofknowledge. com）是由美国科学信息研究所（Institute for Scientific Information，ISI）推出的基于互联网的新一代学术信息资源整合体系。ISI 建立于1958 年，总部设在美国费城，现隶属于 Thomson 公司——译者注。

学者们不可能对 RAE 的要求视而不见，因为他们所在的大学和院系会对他们施加压力，要求他们满足 RAE 的要求。大学越来越多地从别的大学聘请顾问，来进行内部评估。你如何才能把这些压力和培养自己观点的愿望以及对学术发展作贡献的愿望相平衡呢？这是不容易的，但是一旦你达到了 RAE 的要求，你就会有较多的自由发表自己想发表的东西。

鉴于目前 RAE 已经实现了它隐含的目标——根据研究活动的水平给英国的研究机构和院系划分等级——的大部分，因此 2008 年的 RAE 可能是最后一次了。它可能会被某种形式的连续评估基准所代替，这样，发表方式会更加受到外部因素的影响。这意味着院系将遵从定期的评估，以便确认自己的评级是否还算合理。也有可能更加远离学术研究的二元资助体制——在这一体制下，不仅 HEFCE 和它的等价实体，而且各研究理事会都会为研究提供经费。的确，全部经济成本核算表明，以后将转变成由各研究理事会提供经费的机制，这种转变是很多名人贤达倡导的。虽然原则上说，公开地向所有的竞争者提供资金似乎是一种比较民主的方式，但是在实践中不可能这样运作。它也会增加对单个的研究者的压力，至少在原则上，某些院系的研究者能够从 HEFCE 得到一系列"研究"经费。这些问题将在下一章进一步讨论。

第7章

申请并管理研究经费

在撰写本书的过程中,我们采访的大多数年轻学者都只有很少或者完全没有申请研究经费的经验——这当然是说独立申请的经验。Emma 说道:"我一想到申请研究经费,想到不知道他们看重什么,就感到恐惧。"然而,现在,成功地获得研究经费已经日益成为晋升的一个标准。

7.1 全部经济成本核算

从 2005 年 9 月开始,向全部经济成本核算(FEC)转变的举措也给学者们获取研究经费带来了压力。这最终可能意味着研究经费的二元支持体制的终结——在这一体制下,研究经费是由 HEFCE(根据符合 RAE 的科研成果)和各研究理事会发放的。对于那些难以通过做出符合 RAE 的成果而获得经费的1992 年后大学,这一体制可以为它们提供其他机会,虽然这样做也提高了获取研究经费的交易成本。

原则上说,FEC 能够重新核算出一个大学在研究上花费的总成本(直接成本、间接成本和总费用),其中包括在研究机构的基础设施上进行的充分的再投资(recurring investment)。因此,这一方法应该可以克服交叉补贴的问题(例如通过首席调查员的薪水进行交叉补贴)。在过去,大学一直不太确定研究的实际成本是多大——其中包括研究设备、图书馆成本和工作时间(staff time)。据目前估计,那时的研究经费只覆盖了这些成本的大约一半。

FEC 的一个问题是,不同的研究资助方愿意支付已确认成本的比例也不相同。大学倾向于青睐那些愿意支付成本的最大比例的资助方,而研究者可能会因为其他原因而认为一个不太慷慨的资助方更加有吸引力。研究理事会将支付 FEC 的 80%。其他政府资助方通常应当支付 FEC 的 100%。不过,慈善基金和欧盟可能会继续保留他们自己对于成本估算的一套规则，费用的支付取决于这些规则。慈善基金支付的金额可能远远低于 FEC 的 100%。

FEC 将覆盖成本的 5 个组成部分。在学者和研究员的工作时间和成本中，将包括为开展研究项目而另外聘用的研究人员，以及首席调查员和合作调查员在项目管理上花费的时间。技术和办公人员成本也会计入项目。直接非工作成本（direct non-staff cost）不仅包括研究项目直接引起的成本，而且包括与其他项目和活动共享的服务带来的成本，例如图书馆和信息技术成本。地产成本也会被直接包括在研究项目里，虽然对于在实验室进行的研究项目来说，这种成本肯定比较高。最后，其他的间接成本将来也有可能计入项目之中。涵盖这些安排的运行制度，以及所采取的监控措施和审计方法肯定是很复杂的，学者们将来有必要征询其所在大学的研究服务组织的意见。

7.2 申请研究经费的第一步

有四个一般的建议值得铭记心间。第一，正常情况下，你第一次尝试申请研究经费时，应该和别人一起进行，最好是和一位有经验的资深研究员一起。这样，你可以学到获取经费的程序和技巧。正如 Ruth 所说的："我认为主要的经验是，告诉资助方你想作什么研究的时候，是有程式、有技巧或有诀窍的，要使他们愿意把钱给你。"有时候，你可能会为一个非常特定的目的——比如前往一个档案馆——而申请一笔经费，这时独立申请是比较合适的。正如 Luke 指出的，作为一个独立的研究者"使你可以控制这个项目，但是也给你带来了很多压力"。

第二，要充分利用你所在大学的研究服务部（research service section）。正如 Luke 评论的："这个资源可能没有得到充分利用。"研究服务部的工作人员具备定期和研究资助方打交道的经验，知道他们在寻找什么样的研究计划，他们对申请时提供的信息有什么特别的要求。许多大学的研究服务部对年轻的研究者进行培训，这种培训通常都值得参加一下。如果你所在的大学没有研究支持服务，或者他们资源有限，那么你也许进错了大学（如果你想追求学术的话）。

第三，在你第一次独立申请研究经费的时候，要考虑小额的研究经费，对此本章下文会详细讨论。Zoe 曾经成功地申请到了一小笔研究经费，她回忆说：

> 它的目标非常非常明确，它不是一个大额经费资助机构，我研究的项目非常接近他们的一个关键领域，我认为这就是成功的原因；相反，去比较大的组织申请比较多的资金，不太可能成功。

申请金额较小的经费需要填写的表格通常没那么繁杂，你可以比较快地得到答复，要求提交的报告任务也不那么繁重。

第四，要保证你有充足的时间完成研究经费的申请，然后开展研究。不要低估准备一个好的研究申请需要花费的时间。匆匆忙忙地拼凑在一起的研究计划不可能满足质量标准。许多经费申请资料必须在截止日期前很紧的时间内提交，并且要填写复杂的表格，尤其是申请欧盟的经费。这意味着，你需要事先弄清楚特定的研究资助方优先选择什么，以便提前作好准备。通过阅读有关的规则和规范，弄清楚申请的技术细节，也是有益的。不完整或者没有提供所要求的信息的申请资料，可能会被拒绝。请闻名遐迩的人充当推荐人，也是很有帮助的，因此要确保他们事先已经安排妥当，并且愿意为你撰写推荐函。

如果申请人注重如何得到经费，更甚于得到之后自己将如何运用，也许是可以理解的。获取经费之后，不要让自己落到 Zoe 那般田地，她承认"问题在于我没有时间去花它"。

准备一个研究计划

专栏 7.1 列出了为了申请经费而准备研究计划时，应该遵循的一些有用的一般原则。一个有用的、需要铭记在心的一般原则是惜墨如金：例如，对你要进行的研究、计划采用的理论观点和打算使用的资源，都要简明扼要。在对项目进行描述的时候，惜墨如金也是很重要的，因为允许你写的字数有限，或者在表格上回答特定问题的地方有限。鉴于很多资助方要求用朴素的语言、用一句话对项目进行描述，因此在较早阶段就这样写，以便在心里梳理清楚自己将努力达成什么目标，常常是很有帮助的。通过撰写对研究的简短描述，可以培养这种能力。申请书中字数有限，因此要避免使用华丽的语句或冗长的辞藻。避免诸如"可能采访……"或"如果时间允许，将会查找更多的档案"这样模棱两可的语句。

专栏 7.1

准备你的研究计划

这些非正式的语句是由经济和社会研究理事会（Economic and Social Research Council，ESRC）提供的，但是它们有更广泛的适用性。

你的研究计划：

- 首先要表明你寻求资助的基本理由。列出你准备研究的问题的框架，给出背景并解释你的贡献将会是什么。

- 向评估人证明你就是从事这项研究的人——强调达到成功必须实现的技能和能力。

- 要确保你对经费的规模、时间和来源的要求都得到了充分合理的论证。

- 要显示出你已经详细地考虑过收集数据的方法，包括是否利用现有的数据资源，你将如何接触并收集数据，以及你将如何开展分析。对于人文学科，你需要指出（例如）哪些档案是可以得到的，或者你在哪里能找到那些构成你研究的一部分的艺术作品。

- 清楚地列出你的财务要求，不能高估也不能低估成本，为你预期中的要求列一个详细的明细表。高昂的经费不太可能得到青睐，那种要求的经费很少但是却大肆吹嘘的研究计划，将会被谨慎对待。

- 把传播活动纳入你的研究计划——ESRC 现在强调用户参与，这一点不应等到事后才想起来。

- 表明你已经详细考虑过可能遇到的任何困难，并大致描述一个解决这些困难的应急方案。

- 最后，语言要简单朴素——你的读者不会都是你所在领域的专家，并且要进行校对——没有校对过的申请显得草率而不认真。

专栏 7.1 中列出了由经济和社会发展研究理事会（ESRC）提出的一般原则，下文将通过一个虚构的例子对它们进行拓展和评论。一个在商学院工作的年轻的经济学家对冰岛的事情颇感兴趣——这个人口很少的国家已经成为重要

的对外直接投资（Foreign Direct Investment, FDI）的来源国，尤其是对英国进行的直接投资。

证明你拥有一个引人注意的、重要的并且相当有新意的研究课题，是很重要的。凡是重要的课题，很少是完全没有被研究过的，因此你必须证明你熟悉已有的文献，并且能将它在理论和实证上都推进到一个更高的阶段。当然，有的项目可能完全是理论性的，而另一些项目主要是实证性的，但是大多数项目两者兼备。在我们虚构的那个例子中，这个研究者需要弄清楚自己的首要目标。他的主要兴趣是冰岛为什么有这么多资金进行 FDI、如何进行 FDI，还是 FDI 对接受国的影响？

根据第二个原则，你需要证明为什么你就是适合进行此项研究的那个人。你的研究课题可能是值得进行的，但是你是最合适的人选吗？你的资格证明应该包括以前在这个研究领域的工作，以及所有必要的技术或语言能力。就那个虚构的经济学家而言，他非常幸运，他的母亲是冰岛人，因此他具备有关的语言能力。他还可以证明自己以前对冰岛经济进行过研究，并且对 FDI 有更大的兴趣。

对于自己在给定时间内能够取得什么样的成绩有符合实际的看法，是很重要的。年轻的研究者往往会低估一项特定的研究是多么费时。重要的是，给研究设定一个范围，以便使它切实可行，而不需要因为过于收窄研究重点而导致它不再引人注目。即使对于经验丰富的研究者，这也是非常困难的，因为人们都有一种自然的倾向，希望尽量多地覆盖研究领域，不漏掉引人注目的问题。

在那个假设的例子里，研究者决定集中精力研究冰岛 FDI 的影响。这使他得以避开"关于冰岛的 FDI 中是否有一部分是来自俄罗斯的资金"这样富有争议的话题。取而代之的是，他可以使用已有的文献来研究冰岛 FDI 中（例如在企业战略和雇佣政策方面）是否有任何与众不同之处。为了给研究提供一个更加明确的重点，他决定集中研究在英国经济中，冰岛的投资起了特别重要的作用的部门，例如零售部门。

对于社会科学来说，数据收集方法是比较重要的。的确，最容易导致社会科学经费申请失利的一个地方就是方法。然而，对于人文学科来说，方法因素也不是无关紧要的，和专门的研究技术的选择相比，那些广义上"对指导如何选择方法的原则和理论进行的研究"（Burnham、Gilland、Grant 和 Layton-Henry，2004，p. 4）则尤其如此。你需要向人文学科的资助方保证你能够得到所需要的数据：例如，有关文件可以在对公众开放的档案馆里找到，而不受对公众封闭的档案馆的限制，或者可以一睹艺术藏品的芳容，即便它们被妥善珍藏或者在私人手中。在社会科学中，很多研究成果都可以通过对已有的、可以从（例如 ESRC 的）档案馆或官方统计机构得到的数据集再次分析而得到。正如 May 所提到的：

> 政府和政府机构日常收集的资料为社会科学研究者提供了一个丰富的数据来源。随着 CD 光盘（CD－ROMs）越来越容易获得，以及通过因特网获取数据变得简单，技术使研究者得以接触更多的信息，并带来了更多的、进行二次数据分析的机会。

在社会科学中，自己收集数据可能是非常昂贵的。因此，要确保你已经对现有数据进行了充分的再分析，这是非常重要的。在人文领域，学者们越来越能够在网上搜索档案目录。在我们假设的例子里，该研究者发现关于 FDI 流动和趋势的很多数据都可以从英国和冰岛的官方数据库中提取出来，使研究的一个重点可以集中在对冰岛投资者的采访上，以便探寻他们的意图和策略。

财务要求往往也是导致研究经费申请失败的一个原因。要记住，对于研究的资助方来说，在你的项目上投入越多，其他项目能够得到的就越少。研究的资助方会经常要求推荐人对申请所要求的资金的价值——研究成本和它可能带来的收益之间的平衡——作出评判。申请人往往对为什么需要一笔特定的款项不太清楚，例如，"复印费 1 000 英镑"，看起来像是对院系预算的一个补贴，或者是为文书的帮助支付的款项（但是没有清楚地列出哪些地方需要文书的帮助）。反过来，要求达到充分的资金支持以便实现你的研究计划是很重要的。这就是为什么要在研究的早期阶段围绕着项目设定一个清晰的、界定明确的范围。

在那个虚构的例子里，前往冰岛、住宿和其他成本相对很高，于是研究者设法把出行的次数限制在最少的、必要的程度，并且，不管何时，只要有可能，就在英国进行采访。

ESRC 特别强调研究成果的传播和"利益相关者（stakeholder）"的参与，

但是大多数研究资助方希望能从研究中得到一个学术思想或其他成果。就学术成果而言，它们必须和花费的经费成比例。对于一笔不到 1 万英镑的小额经费，出版一部研究专著，或者在知名期刊上发表两篇论文就已经足够了。但是，对于一笔 10 万英镑的经费，这么少的成果显然不够。另外，你还要表明你已经考虑过要把研究成果发表在哪里。即使你没有提到特定的期刊，你也应该专指那些需要同行评议的期刊，并且表明自己准备既在英国，也在外国——尤其是北美——的期刊发表论文。虽然资助方没有期望你拿到书籍出版合同，但是某个出版商对你的著作非常感兴趣的话，对申请经费是有帮助的。要尽量准确地说出研究成果将要发表的地方，这一点很重要。笼统地说"将向学术会议提交"是不恰当的，你需要说清楚是哪次会议，以及为什么是这次会议。

就研究成果在学术界之外的传播而言，网上往往是将其向众多读者传播的良好渠道。如果你学过任何关于网站设计的课程，或者能请所在大学的信息技术服务部帮助设计并建立网站，就在申请中提上一句。通过为专业人士举办研讨会（也许是和伦敦的一个智囊团一起举办的）来传播研究成果，通常是个好主意，在社会科学领域尤其如此。如果你的成果适合在媒体上传播，就在申请材料中叙述一下有关的媒体：例如广播、对开大报纸、周刊或者专门的商业快讯。

你还会因为未雨绸缪地考虑任何可能发生的问题而受到赞誉，例如，"在项目进行期间，帕维亚（Pavia）的档案馆可能会因维修工作而暂时关门，因此项目花的时间比预计的 6 个月可能要长一些。如果这样的话，有些资料可以从米兰或者佛罗伦萨的档案馆里找到，帕维亚的工作计划则需要重新安排"。最后，虽然证明自己熟悉有关的学术术语是有必要的，但是，证明你能够和并不专攻该领域的人士有效地交流，也是很重要的。如果你的研究涉及一些政策，则这点尤其重要。

有些款项较大的经费可能采用一种两阶段申请程序，在这一程序中，申请者先提交一个初步的研究计划，然后资助方从中遴选一部分申请者进入最后申请阶段。在第一阶段就被踢出局无疑是令人失望的，但是这样至少可以避免提交完整的申请这一繁重的工作。一般而言，初级申请对项目的财务方面的细节要求较少，而这正是最花时间的地方。不过，对于所要追求的目标以及它和潜在资助方优先资助的课题之间的关系了如指掌，是很重要的。

7.3 选择一个研究资助方

研究经费的最重要来源包括各个研究理事会、英国科学院、慈善基金以及欧盟与英国的政府部门（主要针对社会科学家）。有时，一个较小的、相对没有名气的慈善基金可能是一个小型项目的理想的资金来源，在人文领域尤其如此。社会变革理事会（Directory of Social Change，DSC）出版了一张 CD 光盘，囊括了与英国慈善救助基金会（Charities Aid Foundation）有关的、可以提供研究经费的 4 500 家信托机构（http：//www/dsc/org. uk）。

这些信托机构中，很多和学术研究并无关系。但是，大多数研究者会寻求从研究理事会和慈善基金获取经费，这正是这里要讨论的主要焦点。有的大学拥有自己的研究基金，这对先导项目（pilot project）或初步研究很有帮助。大学通常希望这种内部基金能够引起学者们向外部研究资助方申请经费。

在选择可能的研究资助方的时候，年纪较轻的学者需要牢记下面的准则：

● 它是否向你感兴趣的领域提供经费？研究理事会和慈善基金都越来越强调优先资助的课题，这会给比较传统的、好奇心驱使的研究带来问题。你能改变自己的研究兴趣，使之成为资助方优先资助的课题吗？

● 它是否拥有一个适合第一次研究申请的、经费金额较小的计划？还有，它一般会鼓励年轻的研究者吗？

● 它的表格容易完成吗？

● 通过访问研究资助方的网站（见专栏 7.2）来确保你能及时了解事情的进展情况。优先资助的课题和计划（funding priorities and initiatives）可能变化很快，有时一个机构可能进行重大的结构调整，其优先资助的课题可能会随之改变，可以获得的经费可能会下降。

1）研究理事会

与本书的大多数读者有关的两个研究理事会分别是艺术与人文研究理事会（AHRC，前身是艺术与人文研究会）和经济与社会研究理事会（ESRC）。它们的一些研究项目，例如农村经济与土地使用项目（Rural Economy and Land Use Programme，RELU），参与者既有自然科学家，也有社会科学家。在这种情况下，ESRC 和生物技术与生物科学研究理事会（BBSRC）、自然环境研究理事会（NERC）一起提供研究经费。不同的研究理事会之间的运行程序也不相同，并且不太容易协调；对于社会科学家来说，那些他们不熟悉的、为自然科学项目编制的表格可能是一个挑战。AHRC 和工程与自然科学研究理事会（Engineering and Physical Sciences Research Council，EPSRC）在一个名为"为21世纪设计（Designing for the 21st Century）"的项目中相互协作，该项目试图建立一种横跨艺术和物理学的伙伴关系，以便提高对设计中的创造性的理解，促进新型设计应用的发展。不过，虽然多学科协作将会越来越普遍，但是大多数年轻的研究者不可能遇到这样的挑战。应该注意的是，现在，所有的研究理事会都使用一种称为"Je-S"的电子提交系统，它代替了纸质提交方式。如果你准备向某个研究理事会提交申请，就需要在 Je-S 上注册，并弄清楚它的要求和运作流程。事先提醒一下，操作这个系统绝非易事，在你所在大学的研究服务中心参加一些培训是很有必要的。

专栏 7.2

为研究提供资助的研究理事会和私人基金会的网站

艺术与人文研究理事会（Arts and Humanities Research Council，AHRC）	www. ahrc. ac. uk
英国科学院（British Academy）	www. britac. ac. uk
卡内基信托（Carnegie Trust）	www. carnegietrust. org. uk
经济与社会研究理事会（Economic and Social Research Council，ESRC）	www. esrc. ac. uk
福特基金会（Ford Foundation）	www. fordfound. org
约瑟夫·朗垂基金会（Joseph Rowntree Foundation，JRF）	www. jrf. org. uk
利华休姆信托（Leverhulme Trust）	www. leverhulme. org. uk
纽菲尔德基金会（Nuffield Foundation）	www. nuffieldfoundation. org
大众汽车基金会（Volkswagen Foundation）	www. volkswagen-stiftung. de
维康信托（Wellcome Trust）	www. wellcome. ac. uk

对于自己在艺术和人文中的主题领域，AHRC 采用了一种广义的解释，这其中有些研究领域和 ESRC 的工作相互重叠，例如对哲学的研究。和 ESRC 一样，AHRC 既有依申请而拨款的方案（responsive mode schemes），也有战略性拨款方案（strategic initiatives）。前一类方案允许研究者在自己感兴趣的研究领域提出项目方案，通常比较适合年纪较轻的研究者。后者则需要 AHRC 对战略性优先研究课题进行确认，AHRC 认为各方有必要协调一致地进行研究。2005 年，ESRC 决定增加对申请者的资助，包括为了组成研究团队、发展人际关系和开展项目而建立起的一个新的、依申请而拨款的大型拨款方案。ESRC 的目标是，到 2010 年，把申请经费的成功率从 2005 年的 20% 提高到 25%。ESRC 还引入了一个第一次拨款方案（First Grants Scheme），以便帮助处于学术生涯起跑线上的新进研究者获取管理经验，开展研究项目。第一轮申请在 2006 年 1 月结束。预期这次会为 20 个研究项目提供资助，并且未来会开放更多轮申请。

参与 AHRC 和 ESRC 组织的研究计划或研究方案，都是既有利又有弊。你能事先得知有一笔（通常金额很大）资金已经配置到了特定的研究领域中。你将有机会和志趣相投的研究者一起工作，和他们一起召开研讨会，并从事和研究计划有关的其他工作，建立自己的人际关系。你会遇到自己领域中的一些首屈一指的研究者，并且使他们了解你的工作。你会学到自己钟爱的领域的新的理论、方法和实证进展，这是非常有价值的知识。

虽然研究理事会和研究计划的组织者怀着良好的愿望来组织研究，但是被研究项目召集到一起的人的研究兴趣往往截然不同，研究日程相去甚远，甚至相互冲突。被指定来组织研究项目的人努力想使参与者具有内在的凝聚力，这也会导致他过多地干预你的研究。要求你参加的那些会议或者研讨会并非都是关系重大或者有帮助的。不过，你可以在一个研究项目内部申请一笔小额的经费，并且，如果你申请成功了，你的研究工作就可能引起重要学者们的关注，他们能在事业上助你一臂之力。

AHRC 的研究拨款方案（Research Grant scheme）可以在 5 年内提供至多 500 000 英镑的经费，不过大多数经费的金额没这么大，期限没这么长。它的研究休假方案（Research Leave scheme）可以为聘请三四个月的代课教师提供资助，以便学者能够完成某个研究项目，但是要求聘用该学者的机构也要作出一定比例的贡献。那些对现有的模型、观念或者思想模式造成挑战的研究项目，可以得到最多 50 000 英镑的创新奖金。另外有一个小额拨款方案（small grants scheme），为创造性的表演艺术提供最多 5 000 英镑的资助。

ESRC 提供金额在 15 000 英镑到 150 万英镑之间的研究经费。这个下限意味着有的研究项目所需的经费对 ESRC 来说太小了，去慈善基金申请更为合适。不过，应该注意到，ESRC 欢迎学者们申请进行概略研究（scoping studies），这种研究的目的是评估并证明研究项目的可行性。经费超过 100 000 英镑的研究计划，被视为大额拨款方案（large grants scheme）的一部分，并送交给 5 个审议员——其中一个是由申请者自己指定的——进行审议。然后，研究拨款理事会（Research Grants Board）的成员们对申请进行评级。小额拨款方案比较适合新入行的研究者第一次向 ESRC 申请经费。研究拨款理事会的一位成员和 ESRC 的虚拟研究院（Virtual Research College）的一位成员将对申请进行评估。小额经费的资助决定通常会在 14 周之内作出，而大额经费的资助决定则在 24 周之内作出。

ESRC 还提供一个研究奖金方案（Research Fellowship Scheme），该方案对经验不足的研究者和资深研究者都是开放的，使他们在一段时间内可以专心致志地从事研究活动。在战略评论（strategic review）于 2005 年 12 月出版之后，对研究奖金提供的资金增加了。这种奖金持续两年，这期间必须制订一个工作计划，而不仅仅是一个简单的研究项目。这种奖金的目的是帮助那些出类拔萃的研究者开拓事业；奖金可以以研究潜力为基础，也可以以优秀的业绩记录为基础。有一些专门的规定来帮带经验少于 10 年的研究者，并促进他们事业的发展。显然，这些奖金对年轻的学者是非常有吸引力的，因而竞争非常激烈，但是一旦得到一笔，就会大大促进事业的发展。

ESRC 的研讨小组竞赛奖（Research Seminars Competition）吸引了相当的关注。如果一个为了研究项目而组建的研讨小组持续存在长达两年时间，就可以得到最多 15 000 英镑的奖金。ESRC 特别鼓励那些把来自不同学科的研究者召集到一起进行一个新的研究项目的研讨小组。对于年轻的研究者来说，参与到一个这样的研讨小组中，是建立新的人际关系、接触新的思想的绝妙方式。

英国科学院从英国科学技术署接受拨款，来为人文和社会科学的各个分支提供研究经费。它的研究计划对比较年轻的学者特别有价值，因为它强调小额的经费支持和根据申请拨款，而不是根据指令进行拨款。科学院掌控着一个小额拨款方案，可以在两年内最多提供 7 500 英镑的款项。科学院对有效成本（eligible cost）的界定相当宽泛，包括差旅费、生活费，聘用研究助手、出席专题研讨会、购置消耗品和专用软件以及聘用翻译的成本。经费中不包括购置电脑硬件、聘请代课教师的成本或者出席学术会议的成本，对于这些成本，英国科学院有一个专门的会议拨款方案（Conference Grants Scheme）来处理。对于申请小额研究经费而言，每年有三个截止日期，因此申请者不必受最近的截止日期的约束，不过要三个月之后才能收到对方的决定。

英国科学院有一个较大额的拨款方案（larger research grants scheme），可以在三年内提供最多 20 000 英镑的经费。这比 ESRC 的最低限额只多了 5 000英镑，科学院强调拨款不是为了支持申请者聘用一个全年、全职的研究助手。因此对于那些需要较多人手的项目，建议申请者去 AHRC 或 ESRC 申请经费。不过，对于一个中等规模的项目——它可能是继研究者最初申请的小规模项目之后出现的——来说，这却是一个有吸引力的拨款方案。该方案的一个缺点是，只在每年 10 月份可以申请，不过它至少给出了暑假的时间来准备申请书。该方案也要花上 5 个月才能作出决定。

2）慈善基金会

慈善基金会通常是由一个家财巨万的慈善家设立的，并以他的名字命名；慈善基金会可以支配的、其信托契约要求其每年用于研究的资金总额非常巨大。例如，利华休姆信托每年有 2 500 万英镑的资金用于研究。从很多方面来看，私人基金会都是相对较好的资助者。和公共资助者相比，它们对研究的干预较少，也不太会坚持与"利益相关者"、"使用者"和"执业者"进行协商，虽然这种协商在有些方面是有益的，但是也会扭曲研究目标，耽误研究的完成。对于那些批评政府政策的项目，它们更加开放（Barnes，1979，p. 79）。它们对于研究成果的评估也更加灵活，它们更愿意主观地评估该项目是否解决了有关的问题，而不是在顶尖的学术期刊上发表了多少篇论文。福特基金会

(Ford Foundation）声称："福特基金会的工作人员明白，基金会和被资助方从事的工作是有难度的，常常需要多方长期努力才能获得成功，出现失败也是有可能的"（http://www. fordfound. org/about/guideline. cfm? print _ version ＝ 1，2005 年 6 月 10 日）。但是，应该指出，在向慈善基金会申请经费时，申请失败相对于申请成功的比率并不低，因此获取经费未必就比研究理事会容易一些。2004 年，福特基金会收到了 41 000 份拨款申请，它只同意了其中的 5%（2 091 份，http：//www. fordfound. org/about/guideline. cfm? print _ version ＝ 1，2005 年 6 月 10 日）。

虽然本节关注的主要是英国的基金会，但是值得注意的是，有些合适的项目也可能从外国的基金会获得资助。除了设在葡萄牙的古尔本金安基金会（Gulbenkian Foundation）之外，欧洲最富有的基金会是大众汽车基金会（写作Volkswagen Stiftung 或 Volkswagen Foundation），它每年提供大约 1 亿欧元的研究资助。它的使命之一是给雄心勃勃的年轻学者们提供支持，特别看重跨学科的研究。该基金会的工作是围绕着为研究计划——例如为一个新欧洲建立学术基础和智力要求——提供经费而展开的，但是一旦一个研究计划达到了它的目标——产生新思想，就用一个新的计划来代替它。假如一个研究项目被归到一个当前正在资助的计划名下，并且需要和德国的研究者进行大量的合作，那么大众基金会将邀请德国之外的学术机构来申请经费。

在美国的基金会中，最大的是福特基金会，不过它的遍布全球的办公室网络没有覆盖欧洲。这部分地反映了它关注的重点是提升人类福利，其做法是通过拨款来发展新的思想，或对致力于消除贫困和不公正现象的主要组织提供支持，以及推销民主价值、提升国际合作、增加人类成就。它在 2005 年资助的研究计划包括政府治理和公民社会、教育、性与宗教，以及媒体、艺术和文化。

那些似乎重点关注自然科学的慈善基金会可能也会为人文与社会科学领域的研究提供经费。维康信托（Wellcome Trust）是医学研究领域的主要资助者，资助的款项和政府自己的拨款机构——医学研究理事会（Medical Research Council，MRC）——资助的款项一样多。不过，它的工作也溢出到了人文和社会科学领域①。它所覆盖的课题涉及哲学家、历史学家、公共政策分析家等感兴趣的研究方向，包括对医药伦理学、医药历史学和公众对医药发展等方面的研究。它对于医药历史学的支持对该专业领域至关重要，它对该领域界定宽泛，为其提供从项目拨款到为研究费用和差旅费提供资助等各种广泛而灵活的拨款方式。它还有专门的方案来吸引那些处于事业初期到中期阶段的出类拔萃的研究人员，为一个职位提供为期 5 年的支持，然后转成接受资助的大学里的固定职位。

　　下面讨论那些对各个学科的研究——不管是只对社会科学，还是既对社会科学又对人文学科——进行资助的英国慈善基金。值得记住的是，一些具有比较专门的目标的、规模较小的基金会可能是有益的经费来源。例如，酒精教育及研究委员会②（Alcohol Education and Research Council，AERC）每年资助四或五个研究项目，对每个项目支付大约 5 万英镑。

　　英国最重要的私人基金会是利华休姆信托。它对除了社会政策与福利、医药和学校教育之外的所有领域的研究提供支持。年轻学者关注的焦点，是它在所提供的经费中，强调对聘用研究助手、研究生所发生的费用以及金额不大的直接成本的资助。它很少为代课成本支付经费。它采用一种两阶段申请程序，第一阶段首先提交一个粗略的申请。金额在 25 万英镑以上的申请则要求得比较详细，有时还会与申请人见面、讨论。

　　纽菲尔德基金会（Nuffield Foundation）为社会科学家提供经费，在它的全部方案中，有两个是年轻研究员特别感兴趣的。一个是新事业发展奖金方案（New Career Development Fellowships Scheme），它不是一个传统的博士后奖金方案，而是为处于事业早期阶段的、具有雄心壮志的社会科学家提供一个（例如通过学习新的知识或方法）改变研究方向的机会。它期望在比较年轻的社会科学家和比较有名望、有经验的学者之间建立一种协作伙伴关系，并期望后者主动地参与到年轻学者的学术研究中去。另一个是社会科学小额拨款方案

---

　　① 原文中这一句的意思是"它的工作也溢出到了人文和自然科学领域"，从上下文来看，应该是"它的工作也溢出到了人文和社会科学领域"，并且得到了原著作者 Wyn Grant 的确认——译者注。
　　② 注意，这个"酒精教育及研究委员会"并不在英国研究理事会（Research Councils UK，RCUK）下辖的 7 个研究理事会里面（参看第 2 章的有关注释），而是一个一般的基金会。因此本书将其翻译为"研究委员会"而不是"研究理事会"，以示区别——译者注。

（Social Science Small Grants Scheme），对于很多处于事业初期的研究者来说，它是申请研究经费的阶梯上的第一级，是规模较小的独立项目、基础项目或者初级项目的理想选择。它的最大拨款额度通常是 7 500 英镑，并且随时都可以申请。

有两个基金会非常关注那些可能对政策和实践造成影响的研究。一个是约瑟夫·朗垂基金会（Joseph Rowntree Foundation，JRF），它一直是广义的社会研究——例如对于贫困、住房、移民、子女的教育、药品和毒品的研究——的一个重要资助者。另一个是卡内基英国信托（Carnegie UK Trust），它对那种为了改变公共政策而进行的较大规模的行动研究特别感兴趣。目前，它已经把自己工作的重点从依申请而提供短期拨款（reactive short-term grants）转到了为较长期的计划——例如对农村地区的社会问题的研究——提供支持。盎格鲁—日耳曼基金会（Anglo-German Foundation）每年提供大约 40 000 英镑来资助小型研究项目，或者补偿研讨会和专题讨论会的成本，其中小额拨款的上限是 4 000 英镑。

3）政府部门和欧盟

英国政府的各个部在作为研究资助者方面都有一些缺点。它们通常按照相对比较紧张的时间表工作，如果申请提交晚了，就没有回旋的余地。它们还希望研究能够解决非常专业的问题，如果没有得到自己想要的答案，就会很快表达出自己的不满。另外，它们偏爱定量的研究，因此人文领域的研究者的机会相对很少。有时候它们会向综合调查团或科技水平调查团拨款，支持它们对现有研究进行调查。这些都是有益的实践，然而不可能像原创性研究那样给研究者带来荣誉。另一方面，那些在某个部里建立了良好声望的研究者，获取研究经费可能会相对容易一些。另外，对于那些有兴趣参与和政策制定者对话并且希望看到自己的研究对政策的制定产生影响的研究者，去部里申请经费是一个不错的选择。

英国环境、食品与农村事务部（Department of Environment，Food and Rural Affairs，Defra）是研究的一个主要资助者，每年花费 1.55 亿英镑为研究提供支持。这笔钱大部分用于自然科学研究，但是像"可持续的农村社区"这样的研究项目也给社会科学家提供了机会。Defra 采用两阶段申请程序，在第一轮中，采用一个称为"兴趣声明"（statement of interest）的简易表格来为后一轮筛选候选人。英国国际发展部（Department for International Development，DFID）下辖的中央研究部（Central Research Department）计划在 2006 年到 2007 年每年支付 1 亿英镑用于研究，这为社会科学家们提供了很多机会。它的 8 个发展研究中心和一些发展中国家一起开展为期 5 年的政策研究计划。另一个主要的政府资助者是内务部（Home office），它拥有大型的内部研究项目，但也在犯罪学家和社会学家特别感兴趣的一些领域开展大量的外部研究工作。

对于短期的访问研究来说，外国政府是有用的经费来源。德意志学术交流中心（The German Academic Exchange Service，德语是 Deutscher Akademischer Austausch Dienst，DAAD）基于一种"人员先于项目"的理念开展工作。对于外国研究者来说，它最重要的项目是，使他们可以前往德国进行一到三个月的访问，和发出邀请的德国同行相互合作，从事研究工作。

加拿大政府向位于英国的加拿大研究学会（Canadian Studies）提供了慷慨的经费，很多学科都可以得到这种经费。设立教员研究计划经费（Faculty Research Program Awards）的目的是促使教员从事关于加拿大或加拿大—英国双边关系方面的短期研究，并在英国的学报上发表一篇论文。奖金最大金额是 4 000 加元，可以弥补跨大西洋飞行的成本和在加拿大居留 5 周的生活费。设立机构研究计划经费（Institutional Research Program Awards）的目的，则是为了向那些关于加拿大、加—英比较课题或者加英双边关系方面的主要团体性研究提供资助，并出版一部研究专著。每年有一个申请截止日，目前的截止日是 10 月 31 日。

欧洲联盟是一个大的研究资助者，尤其是对社会科学的资助。欧盟经费的申请程序特别繁琐，虽然它反复地重申要简化流程，提高效率。它的监控和报告安排也很苛刻。对于独立开展研究计划的年轻研究者来说，这显然不是一个合适的经费申请渠道；并且，在向欧盟申请经费的过程中，涉及的交易成本太高，即便得到了经费，也常常显得不划算，因此很多资深的研究者已经不抱什么希望了。不过，如果有机会参加一个欧盟的项目，那么即便只是因为它能帮你在全欧洲建立人脉关系，也是值得考虑的。

欧盟主要通过框架计划（framework programmes，FP）的方式对研究提供支持，这种框架计划是围绕着一组主题组织起来的。从欧盟的 CORDIS① 的网站（http：//www. cordis. 1u/en/home. html）和英国贸易与工业部（Department of Trade and Industry）的网站上（http：//fp6uk. ost. gov. uk）可以得到更多的信息。FP6② 预算计划在 2002 年至 2006 年对研究提供 190 亿欧元的支持。研究申请必须来自至少两个欧盟成员国（通常更多），因此申请过程的很大一部分工作是在研究者之间建立人际联系网，确保他们按照要求的形式提供所有必要的信息。在过去，如果有来自南欧的成员国的研究者参与申请，那么成功的机会无疑会大很多；目前如果有来自至少一个新成员国的研究者参与申请，那么对申请成功也是有好处的。2005 年 4 月，欧盟宣布了 FP7 的研究计划，这些计划将从 2007 年持续到 2013 年，其中包括一个社会经济学和人文科学的研究主题③，其目的是利用欧洲在人文和社会学科领域中雄厚的研究基础鼓励学者们相互协作，进行研究。不过，很显然，这一研究的目的是解决社会经济问题，而不是针对比较传统的人文课题。

对于在欧洲的研究人员之间建立人际关系网（然后他们可以去框架计划申请项目，或者开展其他形式的协作研究）来说，欧盟的 COST——COST 是欧洲科学与技术研究领域合作组织（European Cooperation in the Field of Scientific and Technical Research）的法语缩写——方案是一个有益的机制。从欧盟的观点来看，COST 的目的是为政策制定过程提供科学投入，而不是为学术研究提供资助。不过，对于前者的安排似乎相当混乱，而后者则常常运作良好。大量的协调成本再一次落到了组织者的肩上，但是，作为一个参与者，你将收到出席会议的差旅费和生活补助。COST 的主要工作重点是自然科学，不过，社会科学和人文是 COST 办公室的三个机构之一的下属组织。

───────────────

① CORDIS 指欧盟研究开发信息中心（Community Research and Development Information Service）——译者注。
② FP6 指的是欧盟第 6 框架计划（6th Framework Programme），它是为加强欧盟各国之间的科研合作而专门制订的——译者注。
③ 欧盟委员会于 2007 年 1 月 1 日启动的第 7 个科技框架计划（2007—2013 年）总预算为 505. 21 亿欧元。其中的合作计划耗资 324. 13 亿欧元，共划分为 10 大主题研究领域：健康（Health）；食品、农业和生物技术（Food, Agriculture and Biotechnology）；信息通讯技术（Information and Communication Technologies）；纳米科学、纳米技术、材料和新制造技术（Nanosciences, Nanotechnologies, Materials and New Production Technologies）；能源（Energy）；环境，包括气候变化（Environment, including Climate Change）；交通，包括航空（Transport, including Aeronautics）；社会经济学和人文科学（Socio-economic Sciences and the Humanities）；空间（Space）；安全（Security）——译者注。

从上文的论述来看，显然，社会科学家们可以获得的经费比人文领域的研究者要多得多。社会科学的项目比较昂贵，因为它们要进行调查，并使用大型的数据集。人文领域的多数研究只需要相对较少的差旅费和生活补助，虽然社会科学领域中的一些定性的研究工作也是如此。这两类学科的研究者们在开展那些会为其所在大学重新核算全部经济成本（FEC）的研究时，可能发现自己面临着较大的压力。

7.4 对伦理问题的思考

所有有人参与的研究项目都会产生伦理问题，不仅各大学，而且各研究理事会也对这一问题越来越关心。目前，多数大学都设立了伦理委员会，发挥研究监督者的功能。你在承担研究或者获取研究经费之前，必须寻求它的同意。其具体规定在各个大学各不相同，但是通常都要求提交一份标准化的表格以供委员会考虑。这样做给社会科学家带来的麻烦比人文领域的学者要大，因为前者通常涉足干预主义的研究形式，会给公众带来一定的影响，而后者关注的是过去的事件或人物（虽然他们在使用档案时有可能引发难以处理的资料保护问题）。

可能产生的各种伦理问题包括：①研究者和研究对象之间的依赖关系；②免受伤害；③退出研究的权利。在开展的研究以人作为研究对象时，通常非常强调研究者应遵循"告知后同意的原则（the Doctrine of Informed Consent）"[①]。一般认为，这一原则指的是这一过程，即研究对象了解参与研究的本质和后果，可以自由选择是参与研究还是退出研究。这个原则始于医学研究，它在医学研究中的应用可能比社会研究更为直接。研究对象提供的信息的保密权和受访者的匿名权必须受到尊重。当研究涉及社会中的弱势群体时，必须特别小心。更一般地说，在申请中必须明确指出对参与者的潜在危险和伤害。另外，还必须指出研究人员可能发生的任何危险，并且就最小化风险和监控风险所采取的手段作出解释。

各个研究理事会制定了一套核心的条款和条件，它包含在关于研究伦理的那一段话中，参见专栏7.3。ESRC坚持认为"申请人应该证明他们已经充分

[①] 指当研究的对象是人时，应该将研究内容明确告知研究对象，并获得其同意，否则不能进行研究——译者注。

地考虑了研究的伦理含义，并且他们解决所产生的伦理问题的手段是合法的"。ESRC 设立了一个伦理咨询委员会（Ethics Advisory Board），它要求该委员会就申请中的伦理问题给出建议。2005 年，ESRC 在 6 个关键原则的基础上，发表了一份新的研究伦理框架（Research Ethics Framework），它对于该理事会 2006 年 1 月之后收到的所有申请都具有强制作用（参见专栏 7.4）。

专栏 7.3

各研究理事会关于研究伦理的条款和条件

研究组织负责确保与研究项目有关的伦理问题得到清楚的认识，并且提交有关批准机构或监管机构，以引起它们的关注。在任何需要批准的研究开展之前，必须确保得到了批准。应该从广义上解释伦理问题，包括但不限于：研究中涉及人类参与者，对动物的使用，可能对环境造成破坏的研究，对敏感的经济、社会和个人数据的使用。

资料来源：艺术与人文研究理事会。

专栏 7.4

ESRC 的研究伦理框架

该框架列出了 6 个关键原则：

- 研究应该得到良好的设计、审查和实施，以便确保诚信和质量。

- 必须充分地向研究人员和研究对象告知研究的目的、方法以及研究可能被刻意地用于哪些用途，他们参与研究会带来什么问题，研究中可能采用哪些方法，研究可能被刻意地用于哪些目的以及会发生什么危险（如果有的话）。

- 研究对象提供的信息的保密权和受访者的匿名权必须受到尊重。

- 研究参与者必须是完全自愿参与，不得进行任何强迫。

- 必须避免对研究参与者造成的伤害。

- 研究必须具有明确的独立性，任何兴趣和偏见方面的冲突都必须公开。

资料来源：《社会科学》（*Social Science*），2005－06，14 页。

ESRC 鼓励它的申请者参考各专业协会制定的伦理准则（codes of ethics）。在社会科学中，社会研究协会（Social Research Association，http：//thesra. org. uk）制定了一个具有广泛适用性的伦理准则。欧盟委员会也为社会经济研究活动制定了一套专业指引，称为行为尊重准则（RESPECT Code of Practice，http：//www. respectproject. org）。这一准则是在对大量既存的专业和伦理方面的行为准则进行综合之后制定的。它建立在三个基本原则的基础上：坚持科学标准、遵守法律、避免给社会和个人带来伤害。该准则承认，没有一个普遍接受的准则可以对某个特定的研究计划的伦理美德作出清晰的判断。的确，"以一种专业的、合乎伦理规范的方式开展社会经济研究需要在一些常常相互矛盾的不同准则之间寻求一个平衡"（http：//www. respectproject. org/code/index. php，2005 年 6 月 13 日）。

的确，ESRC 声称自己有义务"确保它所资助的研究不会给个人带来痛苦和烦恼"。这句话导致的问题是，有些天才的创新和发人深省的研究可能会给社会上的一些个人或人群带来烦恼，而这种烦恼其实是社会变革过程的一部分。因此，需要在研究给特定人群带来的成本和它给社会整体带来的好处之间保持一种平衡。大学的伦理委员会特别不愿意对那些令人尴尬的、难以处理的或者可能使学校卷入争议的研究提供支持，即便这种研究有更广泛的价值。借用对研究的自主性和独立性的辩护来回应人们对于伦理因素的正当关注，会引起一些问题，但是这超出了本书的范围。刚入门的研究者需要了解这些问题和它们的重要性，并且培养在研究中贯彻正确的伦理原则的能力，以便使研究资助方感到满意，而不是就研究目标本身作出妥协。

7.5 管理研究经费

刚刚获得研究经费时的那股兴奋劲儿慢慢消退后，你就需要认真考虑一下准备如何管理这笔经费，以便能够达成自己的目标，并且向研究资助方提交你承诺的研究成果。在申请阶段就对研究进行详细的计划理所当然地会对研究经费的管理有所帮助。可以理解，很多学者都关注着研究目标以及如何达成研究目标，对于研究的预算和管理工作关注较少。随着研究的进展，这些工作将变得越来越重要。

　　管理一笔研究经费是成为一个学者的另一方面，其中时间管理技巧是非常重要的。在规模较大的项目中，会存在"阶段性成果"和"里程碑"，将会要求你就研究的进展提交年度报告。然而，即使在规模较小的项目中，像甘特图（Gantt chart）这样的设备也会成为提醒你必须开始或者结束特定阶段的研究活动的有效手段。它是一种水平的条状图，横轴表示时间，通常是从项目开始时算起，通常用月份表示。各行横条（经常重叠）表示单项任务和研究项目中的活动的起始和结束日期。在进行像采访这样的活动时，留出足够的时间和受访者接触并进行采访，是很重要的。在需要在有限的时间内前往国外进行采访时，有必要非常小心地提前进行计划。

　　大学内部的有关财务部门或研究与拨款办公室定期发出的收入和支出报表对于研究预算的管理通常很有帮助。"管理研究……预算的关键是要确保所有的资金都得到了配置，或者几乎所有的资金都花掉了，但是不能超额"。（Blaxter、Hughs 和 Tight，1998，p. 130）如果你支出超额了，那么就不得不从别的地方找出这些钱。除非你有重大过失，通常不会从你自己的口袋里掏，但是从你所在院系的经费中出钱来填补这个窟窿，会令院系的头头很不高兴。反过来，任何没有花掉的钱必须还给资助者，这可能导致他们对你计划和执行研究项目的财务预算能力产生怀疑。管理研究项目的资金不是那么容易的，因为在整个项目进行期间，成本（尤其是非工资成本）会不断变化。差旅成本特别难以控制，因为它们会发生预期不到的波动，尤其是去国外出差。要保留足够的资金，以备在项目末期进行额外的采访或者前往档案馆查阅资料，这是很重要的。

　　对研究人员——即使他们只是兼职或者临时为你工作——的管理可能是实施研究项目的过程中最具有挑战性的方面之一。不论在什么情况下，你和研究人员都要清楚地明白各自在工作量和任务方面承担的期望，这是很重要的。如果你要聘请一位研究助手，那么要核实他/她具备和项目有关的全部技能，或者可以相对容易而迅速地学会这些技能。如果需要具备语言技能，那么就应该组织一次考试，作为任命程序的一部分。人力资源部的标准任命程序和核查表有助于确定相关的技能，并确保他们具备这些技能。研究助手需要证明自己能够作为团队中的一员参与工作，并且，当他把特定的技能和观点引入项目的时候，不应该寻求把自己的工作日程安排也强加给项目。

如果一个研究成员只是兼职为你工作，还有其他的职务，那么就必须特别小心。重要的是，要和院系领导或负责人就如何配置他/她的时间达成明确的谅解，以便确保他/她能留出充足的时间为你工作。随着项目不同阶段的工作量的变化，事情会变得相当复杂，并且成为他与其他人的摩擦的潜在来源，那些在他不在时被叫来顶班的人会觉得自己的工作被忽视了。一个有吸引力的解决方案似乎是请一位已经参与到项目中的成员来加班，但是如果工作太多的话，最好还是再聘请一位愿意全心投入到你的项目中来的兼职成员。

要保证对你的项目的传播予以充分的关注，对于研究资助方来说，这一点目前正变得越来越重要。一个精心设计的网站有助于向公众宣传你的项目，并可以作为潜在的应聘者的有益的参考点。要和你所在大学的新闻和宣传部门就媒体采访的问题保持联系。任何专题研讨会和其他正式的传播活动都应该提前计划完善；另外，你还应该确保及时申请参加任何学术会议，在会议上就你的项目进行陈述。

在研究的过程中，很容易偏离原来的方向，转而步入其他大有可为的新的研究方向。这可以为未来的研究申请提供有益的基础。但是，要时时牢记，你承担了向研究资助者提交特定的研究结果的重任。项目结束时的报告是证明你已经实现了自己的研究目标的重要途径，而研究理事会的审议者对你的评级，则会对你在未来的研究申请中的成功机会产生特别的影响。当你对研究项目感到有点疲倦的时候，可以来撰写这种报告，它不像撰写研究论文那样令人兴奋。不过，它是一个重要的研究结果，不应该匆匆忙忙地拼凑而成。在研究项目中，一个关键的目标是，必须经常和研究资助者保持良好的关系，因为你可能希望将来还从它那里申请经费。

7.6 咨询工作

咨询工作指一位学者为了获得报酬，利用自己的专业知识为一位商业购买者提供建议，这位商业购买者一般是一个企业，但也可以是政府部门、大学或者一个中介机构。这种建议可以是非常专业的，和企业或者其他机构面临的特定问题有关，也可以是对经济或者政治发展的一般形势作出的建议。商学院非常强调咨询活动，可能会要求教员们承担咨询工作，或者鼓励他们每周花上一天时间从事咨询工作。因为它不仅是一个赚钱的方法，还提供了一个和企业建立联系的渠道，以及证明商学院从事的研究工作在实践中的适用性的一个手段。虽然我们的一位受访者曾经就开设写作课程向其他大学提供过咨询，并且在教学和学习领域，目前从事咨询工作的机会越来越普遍了（尤其是通过学科中心），但是一般来说，和人文学科的学者相比，社会科学家可能有更多的机会从事咨询工作。政府强调学者们要和行业建立联系，加上大学需要寻找新的经费来源，都导致学者们越来越强调参与咨询工作。咨询工作会不会被认定为"一项和教学和研究并列的核心活动"，还需拭目以待（《泰晤士报·高等教育副刊》，2001 年 8 月 24 日）。

因为咨询工作是为客户进行的，客户希望获得有价值的信息或者观点，因此，它的发表通常受到很大的限制。当然，如果要发表的话，那么你还需要获得你为之提供咨询服务的企业（例如你就它的内部组织结构提供了建议）的许可。咨询工作是相当有利可图的，但是它也会占用你花在学术研究上的时间，而后者对你长期的事业发展可能更为重要。不过，在你学术生涯的早期阶段，提供给你从事咨询工作的机会相对很少，除非你在商学院工作。这是我们的年轻学者们的感受，他们从事咨询的经历非常少。

为一个专门把学术界与商业和政府客户联系起来的、经验丰富的中介机构开展咨询工作可能更加令人满意。牛津分析公司（Oxford Analytica, www. oxan. com）是一家 1975 年成立的国际独立咨询公司，它建立了一张由剑桥大学和全球其他主要大学的 1 000 多名资深教员构成的人际关系网，聘请学者们对全球重大事件进行及时的、权威的分析，来为公司、银行、政府和国际机构面临的国内国际发展形势提供建议。牛津分析公司为订阅者提供每日简报，对当时的事件进行简短的分析，一般在 1 200 字左右，并且遵循标准的格式。它还为特点的客户开展更加专业性的工作。虽然你可以在网上申请为它工作，但是大多数研究都是由它委任的，并且通常都会分配给那些声名显赫的学者们。

媒体工作和咨询工作之间有些相似之处，虽然后者通常报酬更高。你必须能够满足非常紧张的时间限制。你还必须能够以一种使不具备你的知识的观众理解的方式来传播你的知识。当然，在参与媒体工作的时候，你是在和任何可能讨厌看你、听你或读你的观点的人交流。咨询工作是为非常排他性的、甚至是你不知道的听众来传达信息，这可能会引起一些兴趣方面的矛盾，或者引起你所关心的伦理问题。另外，你还需要确保自己了解所在大学对咨询工作的申报和批准方面的规定，以及是否需要向大学缴纳管理费——这会降低你的经济收入。和媒体工作一样，并非每个人都适合从事咨询工作，但是对于有些学者来说，不管在学术上还是在经济上，它都是富有回报的。

7.7　结语

获得研究经费，并使用它们成功地完成研究工作，日益成为学术生涯中的一个重要部分。比较高级的职位的任命标准通常都要求有获取大额经费的记录，并且，在内部晋升中，它也是一个重要的考虑因素。在对研究经费的管理中，一个关键的矛盾就是，在实现你的学术目标的同时，也满足研究资助方的要求——它可能希望你证明自己已经将研究结果向"执业者"和"利益相关者"作了传播。所有这些工作，都必须在一个越来越强调伦理因素的框架下进行。

正如在本章中建议的，开始申请经费的最好方式是申请一笔小额的研究经费，或者和一位经验比较丰富的研究者搭档申请。这两种方法都能使你对成功地获取和管理研究经费所需要的技巧有一个现实的了解。除非你所在的学科特别强调实践工作，否则，在到达学术生涯的较晚阶段之前，通常最好避免参与咨询工作；即使在学术生涯的较晚阶段，参与的时候也要谨慎。

虽然为了获取研究经费，你可能面临着相当大的压力，但是要记住，最大化研究经费并不等于最优化。如果你还在为一个旧的研究项目苦苦奋斗，就获得了对一个新项目的资助，从而导致生活陷入狂躁，这并不是理想的做法。总之要牢记，研究经费只是你实现学术目标的手段，但其本身并不是你的目标。

第 8 章

结语

　　我们希望本书提供的指南有助于你在学术生涯中有一个成功的开端。当然，这一类书只能就如何更好地实践提供一些建议，就如何更有成效地工作给出一些指点。不同的学者的志向和目标，以及对什么才是令人满足和富有成就的职业生涯的看法，可能大相径庭。正如 Emma 写道的："存在不同类型的学者，有的把自己的一生奉献给学术，学术就是他们的天职，在他们的生活中，除了学术，其他什么都没有，并且他们对此感到非常快乐。"不过，我们的大多数受访者希望在生活中保持一种平衡，以便工作不会完全主宰自己的生活。正如 Zoe 评论的："我不愿意不惜任何代价地去攀登顶峰。"

　　工作时间过长，边际收益就会递减，在你的生活中留出一段时间完全远离工作，是很重要的。例如有些学者喜欢看足球，因为它把你带进一个完全不同的环境中，在那里，感情压过了理智，成功和失败都由不得你，但是可以怪在运动员、足球经理或者组织比赛的官员的头上。还有些人可能喜欢那种能激发艺术敏感性的活动，例如参观画廊，或者听歌剧。具体参与哪一种活动是无关紧要的，重要的是你远离了正常的学术工作。因而，对于一位社会学家来说，观看演出是一种不同的经历，对于一位英语讲师则未必如此。无论你做什么，都应该主动参与，而不仅仅是被动地接受。然后，你将精神焕发，更加富有成效地工作。

　　另外，拿出一点时间对自己的个人发展以及自己在多大程度上实现了职业生涯中的目标进行反省，是很重要的。和其他大多数职业相比，学术生活可以有更多的时间用于反思，但是来自于各个方面的压力日益增大，正在侵蚀你可以用于暂停工作进行反省（而不只是处理所面临的最紧急的任务）的时间。不过，如果你不拿出时间来反省，你将发现自己越来越多地是对别人为你设定的目标和任务作出反应，进行工作，而不是追求自己的学术计划。目前，在大学里，院系或教学团队在反思自己的成绩和未来的目标时，越来越喜欢感叹"时光一去不复返"了。当个人可以在一个轻松的环境中找到时间和空间对自己的事业发展和个人目标进行反思的时候，也需要对自己感叹一下"时光一去不复返"。

8.1　学术生涯的下一步

迄今为止，本书关注的主要是一个学者的学术生涯的早期岁月。随着你渐渐熟悉学术生涯的规则和规范，并且确立了作为一个研究者、一位教师和导师的地位，这些早期岁月也随之消逝。这些年从事的活动包括：逐渐熟悉在需要同行评议的杂志上发表论文需要的条件、如何和出版商达成书籍出版合同以及如何获取和管理一笔研究经费。另外还需要你养成良好的时间管理习惯，以及与同事们融洽相处的能力。不过，随着你的事业的进展，新的机遇和挑战会层出不穷。

1）外部评审专家和学位项目

例如，有人会邀请你作为一个学士学位或者研究生学位或者一系列学位的外部评审专家。虽然各方对评审工作的标准化已经付出了很多努力，但是在不同的学位、不同的大学之间，外部评审专家的工作还是相去甚远。虽然大型的本科生项目一般都有不止一个外部评审专家，但是与提供很多种学位的本科生培养项目相比，为一个招生较少的研究生学位担任外部评审专家的经历是完全不同的。一般来说，外部评审专家的角色一直在发生变化。过去，人们会希望外部评审专家首先只是批阅考试论文，通过阅读一些论文的样板体会评分标准，然后对毕业论文进行评判，评出及格、不同意、不及格或一等候选人。这些工作现在仍然保留着，不过很多院系致力于在内部解决"不同意"或"及格"的打分（如果他们能这么做的话），这样外部评审专家只能阅读足够多的论文来确认评分标准。不过，随着外部评审专家角色的变化，人们越来越希望他们能就诸如课程目标、教学内容、教学方法等事务作出评论。

外部评审工作可以成为一个学习其他院系和学位项目的教学方法与教学程序的有趣渠道，提供了从其他地方引入优良的工作实践的机会。它也是了解一个院系本身存在的优势和劣势的机会，外部评审专家被挖到该系任教的事情并非没有——如果他们没有被所看到的情况吓跑的话。和第一次被邀请作为博士毕业论文的评审专家一样，被邀请担任一个学位项目的外部评审专家是学术生涯的另一个里程碑。有必要指出，虽然由于很多资深教员很不情愿过多地担任此类角色，导致各院系一看到满足自己大学的标准的人，就不顾一切地前来邀请，但是它还是标志着你已经被视为一个资深的、经验丰富的、值得信赖的学者，足以当此重任。

应该告诫你的是，外部评审工作非常花时间，它往往是在一年中非常繁忙的时节出现的，这时你也许正在自己的院系批改论文。不同的学位项目和机构计算外部评审报酬的方法各异，导致报酬各不相同，令人困惑，但是通常都比较低。因为这要受到大学规章的约束，通常不可能讨价还价。曾几何时，外部评审专家的到来几乎相当于皇帝出巡，被安排在大学中下榻，盘桓数日，并宴之以美酒佳肴。现在，随着评审委员会（exam board）变得越来越公事公办，随着评审结果越来越取决于对规章的应用而不是评审专家个人的决断，并且难以应对的情况或其他个人问题已经事先得到掩盖，外部评审专家常常会当天去当天回，相应地，所受到的款待也不如以前那么慷慨了。

评审的学位项目中，收益最大的，是那种规模较小的、和你的研究兴趣有关的研究生学位项目。在这里，你通常可以读到高质量的论文，可能从中有所收获，并且有机会与那些在你评审的机构工作的该领域的专家们促膝相谈。计算评审报酬的方法是用评审一个学位的基本报酬加上列席评审委员会的报酬，因此和涉及的工作量相比，其经济收益也许是相对较高的。另一个极端是，为一个组织无方的院系里一个复杂的学位项目系统的大量本科生进行评审。一袋袋研究你并不特别感兴趣的课题的论文手稿会随之而来。这些论文中，有很多令人难以理解，或者质量低劣，并且该院系对你在规定的时间内处理这些论文的方法没有明确的指示。当然，作为一个评审专家，程序混乱总是一个可以抱怨的话题，但是它常常源自于学位项目本身的复杂性和组织无方，并且难以解决。

外部评审是一种职业责任，可以写进自己的履历中。它是你在学术生涯中需要学会说"不"的方面之一；你已经接受了其他机构的邀请，两者之间可能出现冲突这一事实，是一个对方可以接受的借口。过多地参与外部评审工作会占用你本来可以用于其他活动的时间，并且会对你的晋升机会产生较大的影响。

2）跳槽

Emma 写道："我在目前的职位上已经工作了 5 年，这是一段相当长的时间。也许它已经稍微改变了我的想法，我以前会想：'哦，你怎么这么频繁地跳槽。'"你是否需要跳槽，多久跳上一次，取决于你对当前处境的满意程度，以及在别的地方是否有一个更好的机会在虚位以待。

即便你不需要搬家，改换工作也会引起一些转换成本，因为你需要适应新的职位；因此你必须保证这份新的工作在很多方面都比现有的工作更好，足以抵消转换成本。随着年纪的增长，变动工作的个人成本也会随之增长，除非你是搬到离自己的配偶更近的地方。你的配偶需要跳槽吗？这对你子女的教育会有什么样的影响？你是要搬到住房成本更高的地方去吗？从某些方面来说，在学术生涯的较早阶段就跳槽，是比较容易的，但是如果你还正在确立自己在系里的学术地位，那么从心理上来说，跳槽要困难一些。如果你跳得过于频繁，可能会被认为缺乏责任感。从经验上来说，在第一份固定工作上呆满 5 年之前，不要跳槽，除非你对现有的职位非常不满意，或者有一个绝好的机会不期而至。

另一个决策点是在你晋升为高级讲师的时候。可以理解，大学对于内部晋升都是谨慎而严格的。这样做部分原因是为了保证一定的学术水准。不过，院系也会注意不打乱内部的长幼尊卑秩序，虽然这种秩序有时反映的是候选人是否取得了一定的成绩，并愿意承担一些繁重的工作，而不是外部对他的评判。去其他机构申请工作有助于他们齐心协力地工作，但是，促使他们努力工作的，往往是其他机构提供的工作机会，而不是未来会得到提拔的模糊承诺。因而，如果你的真实目的是在内部获得晋升，就应该去你确实有机会取得成功并且真正吸引你的地方申请工作。你要事先考虑清楚，和在现有的机构里晋升为高级讲师相比，如果另一所大学为你提供了一个领导职位，并且工资更高，你会如何反应。在别的地方申请工作，得到工作但是最后又不去，这种事情如果做得太多，对你在内部和外部的声誉都会有损害。

不要认为你有必要定期跳槽。你没有必要为了追求学术挑战和刺激而这么做，因为这些挑战可以来自你所在院系招聘的新人（随着你的资历越来越深，要努力确保你对新人的聘用有一定的影响力）和你所在大学的其他院系的学者，或者，最重要的是，来自你在国际间建立的人际关系网络。反过来说，如果有一个院系或单位在你所在的专业领域拥有显赫的声誉，并且邀请你加入他们，那么只有傻瓜才会拒绝。不过，呆在一个地方并不意味着你在学术上也会变得故步自封。呆在一个地理位置优越、优秀生源趋之若鹜的成功的大学和院系中，自然是有道理的。反过来，如果一个大学和院系看起来江河日下，或者处于偏远的城市，缺乏吸引力，生源很差，那就有很好的理由去申请一份新的工作。大多数机构处于这两个极端之间，就像在职业生涯中的大多数决定一样，你需要仔细地权衡跳槽的利弊。不过，最后的决定可能是凭直觉作出的，并且只要你仔细地考虑了所有的因素，那么去做任何你认为是正确的事情，都不会是件坏事。

在你以后的事业中，如果你想把最大化自己的收入作为主要目标，那么跳槽也许是个好主意。随着教授平均工资制的废除，对一个人文和社会科学领域的教授来说，六位数的工资也并非没有过。这并不是因为学者忠于机构而作的奖励，而是用于吸引学术明星，他还可能收到一个"丰厚的见面礼"——减少教学时间、增加研究经费、增加学术休假的长度等。不过，资历相对较浅的人是得不到这种好处的。

3）管理

系里会要求每个新人都承担一些行政工作，随着试用期的结束，这种工作变得越来越繁重。在每年的特定时期中，担任招聘人员、考试秘书或者项目主任等工作非常花时间。例如，作为一个招聘人员，意味着你必须在 A 级结果公布之后，就随叫随到。另外，你会发现自己在不断地处理来自家长和老师们的电子邮件、电话和信件。在有些大学里，目前正在尽力地将这些工作转移给学术管理者，以便学者们能够解放出来，集中精力进行教学和研究。

不过，有时你会面临着成为学术管理者的挑战，而不仅仅是承担行政任务。行政工作和管理之间的区别本身就足以写上一本书了。在实践中，"管理"通常是过去所指的"行政"任务的流行说法。就本书的目的而言，我们认为行政是把已经确立的规则用于特定的情况：例如，考试秘书把考试条例应用于一组成绩；而管理则涉及对资源配置——不管是人力资源还是经济资源——做出决策，以达到设定的目标。它涉及在不同的行动方针之间进行选择，有时作出的则是更加困难的但却更好的选择——无为而治，顺其自然。系主任通常被视为基层负责人，副主任是否会得到这样的认定，取决于他/她的工作或所负的责任。

我们的大多数受访者对于在学术生涯的某个时点上承担管理工作的前景并不热心。Zoe 的说法反映了一种普遍的观点："它确实不适合我。"Ruth 指出："我认为中间管理层是最差的管理层，或者是整个管理结构中最差的一环。"那些对在未来从事管理工作的可能性比较感兴趣的受访者，都在 1992 年后大学中任职，其中不包括那些准备将来跳槽到较老的大学的受访者。Amy 拥有管理自己的写作中心的经验，她评论说："我不害怕做管理工作。你会得到更多的津贴，并且还有机会做一些好事。"吸引 Ian 的则是有机会对发生的事情产生影响。Maria 和 Craig 都明确地设计了一条学术管理之路来促进事业的发展，在 1992 年后大学里，这种道路也许规划得更为清晰。Craig 思索道：

> 有一条以成功的学术研究为基础的事业路线，最后是得到教授的职位；除此之外，还有一条就是行政和管理的道路。研究的道路是越来越难走了。我不排除走上管理职位，因为我了解在学术界进一步发展事业的机会是有限的。管理工作也许无法成为我的第一选择，但将来是很有可能的。

管理工作看起来没有实际担任起来那么有吸引力。学者们一向以特别难于管理著称，因此才经常会用"放牧猫咪"的说法来形容他们。他们中的有些人似乎自视为独立的签约方，由雇主提供薪水和后勤服务，只是为了追求自己特定的兴趣，而对机构或学生的要求不管不顾。猫咪因为具有独立性、自主性和与众不同的特点而成为招人喜爱的宠物，对学者也可以用类似的品质来形容，但是这也使得管理者很难协调和引导他们的行为。虽然"领导才能"这个概念存在很大的争议，在学者之间尤其如此，但是还是可以通过经验、训练和不断的职业发展来培养有关的技巧（Middlehurst, 1995）。

那些担任了院系领导的学者们，一般都会发现自己难以跟上研究发展的步伐，或者，即使他们能够继续推出备受关注的研究成果，也会发现自己抽不出时间来学习那些为了跟上学科的新发展所必须学习的东西。结果，一段时间之后，他们作为研究者、教师的工作效果开始逐步下降。在管理职位上工作若干年（现在有一种倾向，即院系领导和基层负责人的任期变长了，比如5年），是可以再回到作为研究者和教师的职业生涯的，但是有时你必须选择是专门做一个管理者，还是专门做一个研究者和教师。如果你的技能和爱好都在管理方面，那么也许最好一开始就追求作为大学管理者的职业。但是，有很多高级学术管理职位实际上是只向那些成功的学者开放的，这里面包括校长（vice-chancellor）、副校长（deputy or pro-vice-chancellor）、教务长（faculty dean）以及各研究理事会和基金会的各种职位。Deem就大学中的新管理主义开展的一个研究项目中，对管理型学者所扮演的角色和他们的性情进行了挖掘，对那些对事业发展的这一方面感兴趣的人来说，其中提到的文献值得一读（Deem，2003a和200b）。

在学术上获得成功之后，对高级的管理职位产生兴趣，是非常合情合理的。然而，使你成为一个优秀的学者的素质，和优秀的管理者应当具备的素质未必一样。就像最成功的足球经理往往并不是最优秀的运动员一样，最好的学术管理者通常也不是出类拔萃的学者或著名的教师。不同的高级学术管理职位的要求可能差别很大，但是通常都至少包括如下几点：

- 具有在战略上区分问题的主次并制定解决问题的计划的能力。

- 具有通过团结那些支持变革的人，将计划付诸实施的能力；在那些其教员高度抵制变革，并且存在多重否决点（multiple veto points）机制的大学里，这是不易进行的。

- 知人善任，对个人及其优缺点有良好的判断力，能够和各种各样的人有效地建立联系，并劝导他们按照机构的意愿行事。

- 能透彻地理解政府当前的高等教育政策及其未来可能的发展方向。

- 具有优秀的沟通技巧。

- 具有充沛的精力，以及同时处理各种问题的能力，能够一眼看出每个问题的核心所在，并且避免事必躬亲，落入微观管理者（micro manager）的窠臼。

● 经得起批评——这是一个变革倡导者经常会招致的——的能力，同时要具备倾听建设性的批评并将其纳入考虑范围的能力。

很明显，相对来说很少有人同时具备上述这些素质；那些具备这些素质的人，会为自己的才能找到比大学管理更加具有回报的职业。大学里的高级管理人员所拿的工资甚至比工资最高的教授还高得多（最近若干年，校长和教授的工资比率一直在上升）。另外，他们还以舒适的旅行安排、慷慨地配备后勤人员等形式获得其他津贴，而校长通常会被提供住宿安排。不过，这一职位的真正吸引力在于可以有机会做出成就，对一个机构的发展进行塑造，以便使它能对新的挑战和机遇作出有效的反应。不过，这意味着要加非常多的班，和难以相处的人打交道，并且出席非常枯燥无味、令人头疼的会议。

有时，人们会认为某个比较年轻的同事可能具备成为高级学术管理者的潜力，但是这种潜力是否能够实现，取决于其人自己的偏好和人生的际遇。随着你事业的发展，你应该考虑一下自己是否会对高级学术管理职位感兴趣，是否具备必要的素质。对于一个头脑清晰，但是缺乏识人之明或者优柔寡断的人来说，这个职位当然不合适。它要求你具备评估复杂环境、听取意见、然后做出确实可以取得合意的结果的决策的能力。它要求你具备相当的韧性，因为你必须能够安然地承受人们的责难，并能够做出看似残酷但是为了整个机构的成功却是势在必行的决策。如果你具备应有的素质，你就应该考虑如何利用它们，因为大学需要有能力的并且理解学术生活的基本目标的高级管理者。

8.2　学术生涯还值得追求吗

我们的受访者大都对学术职业持积极态度。他们发现自己难以就"自己犯过的最大错误是什么、最糟糕的经历是什么"作出回答，这个现象有着重要的意义。他们发现，找出自己最好的经历和最明智的一次跳槽要容易得多。正如 Luke 所回忆的："没有比被委任到错误的职位上更严重的事情了。我认为那次跳槽是相当明智的。"我们的受访者所作的抱怨，都只是针对学术工作的市场状态，而不是针对学术职位本身。一旦他们获得一个固定职位，就会普遍对自己以前的经历感到满意。对于那些获得了固定职位的人来说，学术职位还是比在私人部门工作要安全得多。

当然，我们采访的不是一个具有代表性的样本。我们的研究没有涵盖那些获得博士学位之后脱离学术的人、在经历了一系列的临时职位之后绝望地放弃了的人或者还在临时市场（casual market）上苦苦挣扎（他们必须在那里找到各种兼职教职以便养家糊口）的人，这些都导致他们处于一种被边缘化的生活之中。然而，我们的采访表明，在当代的学术生活的压力之下生存下来不仅是有可能的，还有可能取得成功，拥有一个富有乐趣和成就感的职业生涯。

这并不是说学术生活中的每一天都是富有成就的、回报丰厚的和怡然自得的。批改乏善可陈的试卷，或者看到一篇论文是由你付出大量精力讲授的模块生成的，或者读到某个学生在反馈意见调查表上写下的轻蔑、尖酸的评论，都会令人心灰意冷。另外，你还有枯燥乏味的会议需要出席、明显毫无重点的表格需要填写、难以相处的同事需要应付，并要应对自己殚精竭虑好几个月才完成的论文被拒绝或者媒体发表了对自己不利的书评所带来的打击。学术生活并不是对每个人都适合的，并非所有的新人将来都会在学术之路上取得成功，但是，正如 Zoe 所评论的：

> 我不会试图劝告别人不要追求学术生涯，只要他们明白，对于很多人来说，学术生活并非都是象牙之塔或以前大学中的葡萄酒窖，而是充满了日常琐事、无穷无尽的文字工作。如果你不愿意过朝九晚五的生活，当然可以考虑一下，因为它在工作时间方面是有弹性的，这是它的一个优点。

有相当多的出版物都强调学术工作中的压力问题。压力可以有积极的作用。完全没有压力的生活也不会有任何激动人心的挑战。死气沉沉不是我们想要的生活。那些枯燥、单调、报酬很低的工作是压力最大的工作。今天，年轻的学者们面对着比以前历代学者们都更大的压力，但是他们也接受了更多的系统性支持和训练——不管它们是以教学资格证、帮带和短训班的形式出现，还是以岗前培训的形式出现——以便应对这些挑战。在不久之前，成为一个学者还是一门手艺，你从老一辈那里学到学术规范和技能，这在很大程度上取决于师傅在传授手艺给你时采用的技巧。曾几何时，人们常常认为"著名"学校的白种男人学习价值观并传播它们的能力最强。今天的学术职业组织得更加系统，因此不像以前那样顺其自然了，并且，它至少在原则上变得更加多样了。

然而，有人认为，"有非常多的证据表明学术界的压力比其他行业的压力增长得快，并且正在影响学者们的生活——从讲堂到卧室——的各个方面"（Tytherleigh and Cooper, 2003）。

有调查证据表明，"和老大学中的同行们相比，新大学的教员们更有可能承担较大的压力，结果对学术生活感到厌倦"（《泰晤士报·高等教育副刊》，2005 年 3 月 18 日）。这可能反映了他们在沉重的教学负担之外还承受了研究的压力，师生比率过低，以及工作量管理效率较低。然而，外部经济的竞争压力正在影响着所有的工作场所。一个名叫"共同目标（Common Purpose）"的慈善组织进行的一项调查发现，年龄在 25 岁到 35 岁之间，雄心勃勃的年轻人感觉自己的工作陷入了困境；在 1 000 名受访者中，有将近一半（48%）的人承认自己感到被目前的工作捆住了手脚，56% 的人为了还债不得不继续呆下去。在受访者中，有 87% 的人正在追求能够发挥自己的潜力、为生活增加目标的职业生涯，但是有 59% 的人承认自己的工作没有实现自己更宏大的人生抱负（Frean, 2004）。

"共同目标"的研究通过关注群体协作，为它自己的调查作了补充，其中涉及的一些话题并不适用于年轻的学者。例如，有人抱怨"被困在一份与自己的人生抱负毫无关系的工作中"或者"在工作中没有充分发挥自己的才能，没有遇到足够的挑战"。在我们与本书的受访者的访谈中，没有发现他们有这样的担忧。也许"英国的加班文化……对高等教育职员的打击不成比例"（Tytherleigh and Cooper, 2003）。年轻的学者需要学习对额外的任务说"不"，而大学则需要提供结构性的或系统性的支持，使他们可以说"不"。

聘用达到一定资格的后勤人员来承担和学术研究有关的日常工作，是一种必须，而不是一种奢侈；通常被视为大学里的附加组件而不是核心组成部分的信息技术服务，也需要加以设计，以便教员们能够更加快捷而有效地完成工作。然而，学者们加班加点地工作，是因为他们对所做的事情已经心神疲惫。May（2001, p. x）对"那些很快就忘记了学术生活所给予的机遇、更重要的是忘记了它没有给予别人——他们具备热情和能力、值得得到同样的机遇——同样的机遇，而是严苛地指责自己所在职位的人"的评论，包含着不少真知灼见。很少有别的职业像学术上那样令人奋发，赋予你开发其他人潜力的机会，并且能够通过思想的力量促成社会变革，使社会变得更加美好。

本书指出了一些有用的技巧，可供学术新人们用于诸如教学、时间管理等领域，还有一些技能可以帮助我们成为有成效的导师，另外，就如何发表著作和获取研究经费提出了一些有益的信息以供汲取。总之，重要的是，对你所做的每一件事都要在不追求完美——这是难以达到的——的情况下，尽量提高质量。

关于成功的定义和如何取得成功，每个人的看法各不相同，虽然他们可能面临着相同的情势。在职业生涯中，因缘际会可能会起到重要的作用。就本书作者 Wyn Grant 而言，早期作为记者的经历，赋予了他对政治的兴趣和在极大的压力下下笔千言、一挥而就的能力。他申请的第一份工作正好在华威大学，它当时还不是一所备受推崇的大学，但是逐渐变成了一所非常成功的大学。大潮汹涌之际，任何人都可能随波逐流，与之沉浮，但是你应该对可能妨碍或阻止你前进的困难和风险有所了解。总之，要坚持自己的信念和价值观。正如莎士比亚所写到的：

> 疑惑足以败事，
>
> 一个人往往因为遇事畏缩的缘故，
>
> 失去了成功的机会。
>
> 《一报还一报（*Measure for Measure*）》[1]

当我们要求 Ruth 为学术新人提供一条建议的时候，她说：

> 要牢牢地坚持自己最初进入这个行业的学术原因。工作中会有很多与机构的要求有关的琐事——不要被它们摧垮，因为它们不会对你的事业发展产生太大影响。唯一值得你追求的，是最初促使你选择这一工作的信念！

---

[1] 语出莎士比亚戏剧《一报还一报》的第一幕。这里采用的是朱生豪先生的译法，见《莎士比亚全集》，朱生豪译，第一卷，人民文学出版社，1994——译者注。

缩　写

AERC	酒精教育及研究委员会	Alcohol Education and Research Council
AHRC	艺术与人文研究理事会（原艺术与人文研究会（AHRB））	Arts and Humanities Research Council (formerly Arts and Humanities Research Board（AHRB）)
ALCS	作者授权和版权学会	Authors' Licensing and Copyright Society
AUT	大学教师协会	Association of University Teachers
COST	欧洲科学与技术研究领域合作组织	European Cooperation in the Field of Scientific and Technical Research
Defra	环境、食品与农村事务部	Department of the Environment，Food and Rural Affairs
DFID	国际发展部	Department for International Development
EPSRC	工程与物理科学研究委员会	Engineering and Physical Sciences Research Council
ESRC	经济与社会研究会	Economic and Social Research Council
FDI	对外直接投资	foreign direct investment
FEC	完全经济成本核算	full economic costing
FP	框架程序/框架计划	framework programmes
HEFCE	英格兰高等教育基金管理委员会	Higher Education Funding Council for England
HEI	高等教育机构	higher education institute
JRF	约瑟夫·朗垂基金会	Joseph Rowntree Foundation

NATFHE	全国继续教育和高等教育教师协会	National Association of Teachers in Further and Higher Education
OST	科学技术署	Office of Science and Technology
PDF	博士后	post-doctorial fellowship
PLR	公共借阅权	public lending right
QAA	高等教育质量保证局	Quality Assurance Agency
RAE	英国学术研究评鉴	research assessment exercises
RELU	农村经济和土地使用计划	Rural Economy and Land Use Programme
UCU	大学和学院联合工会	Universities and Colleges Union
UGC	大学拨款委员会	University Grants Committee

参考文献

Atkinson, M. (2004) *Lend Me your Ears* (London: Vermilion).

Barnes, J. A. (1979) *Who Should Know What? Social Science, Privacy and Ethics* (Harmondsworth: Penguin).

Barnett, R. (1990) *The Idea of Higher Education* (Buckingham: Open University Press).

Basnett, S. (2004a) "The first rung" in *How to Get Promoted: A Career Guide for Academics* (London: *Times Higher Education Supplement*), 8 – 11.

Basnett, S. (2004b) "Ditch the smocks – dress to impress", *Times Higher Education Supplement*, 29 October, 54.

Blaxter, L., Hughes, C. and Tight, M. (1998) *The Academic Career Handbook* (Buckingham: Open University Press).

Brew, A. (2006) *Research and Teaching* (Basingstoke: Palgrave Macmillan).

Brown, S. and Race, P. (2002) *Lecturing: A Practical Guide* (London: Kogan Page).

Burnham, P. (1977a) "Introduction" in P. Burnham (ed.) *Surviving the Research Process in Politics* (London: Pinter), 1 – 11.

Burnham, P. (1997b) "Surviving the viva" in P. Burnham (ed.) *Surviving the Research Process* (London: Pinter), 193 – 9.

Burnham, P., Gilland, K., Grant, W. and Layton-Henry, Z. (2004) *Research Methods in Politics* (Basingstoke: Palgrave Macmillan).

Charkin, R. (2005) "Evolving to threve in a digital landscape", *Connected*, December, 2.

Deem, R. (2003a) "Gender, organizational cultures and the practices of manager-academics in UK universities", *Gender, Work and Organization*, 10(2), 239 – 59.

Deem, R. (2003b) "Managing to exclude? Manager-academics and staff communities in contemporary UK universities", in M. Tight (ed.) *International Perspectives on Higher Education Research: Access and Inclusion* (Boston: Elsevier Science/JAI).

Delamont, S. , Atkinson, P. and Parry, O. (1997) *Supervising the PhD: A Guide to Success* (Buckingham: Open University Press).

Dunleavy, P. (2003) *Authoring a PhD* (Basingstoke: Palgrave Macmillan).

Eadie, P. (2005) "The rise of the teaching fellow: between a rock and a hardplace?" *BISA News*, November.

Edwards, H. , Smith, G. and Webb, G. (eds) (2001) *Lecturing: Case Studies, Experience and Practice* (London: Kogan Page).

Entwistle, N. (1988) *Styles of Learning and Teaching* (London: David Fulton).

Evidence (2003) *Funding Research Diversity* (London: Universities UK).

Frean, A. (2004) "Young, gifted, wrecked: high fliers brought low", *The Times*, 25 July, p. 28.

Gibbs, G. and Habeshaw, T. (1989) *Preparing to Teach: An Introduction to Effective Teaching in Higher Education* (Bristol: Technical and Educational Series).

Goldsmith, J. , Komlos, J. and Gold, P. S. (2001) *The Chicago Guide to Your Academic Career* (Chicago: University of Chicago Press).

Gordon, G. (2005) "The human dimensions of the research agenda: supporting the development of researchers throughout the career life cycle", *Higher Education Quarterly*, 59(1), 40 – 55.

Gruss, P. (2005) "Note from the president" in *Research Perspectives of the Max Planck Society* (Munich: Max Planck Society), 4 – 5.

Jackson, P. and Tinkler, P. (2004) "Why we recommend greater openness for PhD vivas", *Times Higher Education Supplement*, 19 March, 14.

Jarvis, P. , Holford, J. , and Griffin, C. (2003) *The Theory and Practice of Learning*, 2nd edn (London: Kogan Page).

Jenkins, A. , Breen, R. and Lindsay, R. (2003) *Reshaping Teaching in Higher Education*: *Linking Teaching with Research* (London: Kogan Page).

Kennedy, S. (2004) " Cutting edge is decidedly blunt ", *Times Higher Education Supplement*, 3 December.

Lewis, H. and Hills, P. (1999) *Time Management for Academics* (Dereham: Peter Francis).

Lucas, C. J. and Murry, J. W. , Jnr. (2002) *New Faculty*: *A Practical Guide for Academic Beginners* (New York: Palgrave).

Luey, B. (2002) *Handbook for Academic Authors*, 4th edn (Cambridge: Cambridge University Press).

Maier, P. and Warren, A. (2000) *Integrating Technology in Learning and Teaching*: *A Practical Guide for Educators* (London: Kogan Page).

Massy, W. F. (2003) *Honoring the Trust*: *Quality and Cost Containment in Higher Education* (Bolton, Mass. : Arter).

Max Planck Society (2005) *Research Perspectives of the Max Planck Society* (Munich: Max Planck Society).

May, T. (2001) *Social Research*, 3rd edn (Maidenhead: Open University Press).

Middlehurst, R. (1995) *Leading Academics* (Buckingham: Open University Press).

Moran, M. (2005) " The vanishing textbook ", *Political Studies Association News*, 16(2), 4.

Newman, J. H. (1982) *The Idea of a University* (London: University of Notre Dame Press).

Page, E. (1997) " The second year and how to survive it " in P. Burnham (ed.) *Surviving the Research Process in Politics* (London: Pinter), 51 – 61.

Park, R. (2003) " Levelling the playing field: towards best practice in the doctoral viva ", *Higher Education Review*, 36(1), 24 – 36.

Persaud, R. (2001) *Staying Sane* (London: Bantam).

Quality Assurance Agency (QAA) (2004) *Code of practice for the assurance of academic quality and standards in higher education*, *Section* 1 : *Postgraduate research programmes* (Gloucester：Quality Assurance Agency for Higher Education).

Race, P. (2001) *The Lecturer's Toolkit：A Practical Guide to Learning, Teaching and Assessment*, 2nd edn (London：Kogan Page).

RAE (2004) *RAE 2008：Initial Decisions by the UK Funding Bodies* (Bristol：Higher Education Funding Council for England).

RAE (2005) *RAE 2008：Guidance to Panels* (Bristol：Higher Education Funding Council for England).

Robinson, N. (1997) "The student – supervisor relationship" in P. Burnham (ed.) *Surviving the Research Process in Politics* (London：Pinter), 71 – 82.

Sanders, P. (2002) *First Steps in Counselling*, 3rd edn (Ross-on-Wye：PCCS).

Squires, G. (2003) *Trouble-shooting Your Teaching：A Step-by-step Guide to Analysing and Improving Your Practice* (London：Kogan Page).

Tinkler, P. and Jackson, C. (2004) *The Doctoral Examination Process* (Maidenhead：Open University Press).

Tufte, E. R. (2003) *The Cognitive Style of PowerPoint* (Cheshire, Conn. ：Graphics Press).

Tytherleigh, P. and Cooper, C. (2003) "Lives on the rocks", *Times Higher Education Supplement*, 23 October.

Van der Berghe, P. (1970) *Academic Gamesmanship* (New York：Abelard-Schuman).